Revolución estadounidense

Una visión general de la guerra de independencia de los Estados Unidos y su impacto en la historia del país

Tabla de contenidos

Introducción

La Revolución estadounidense se describe como un sueño imposible que se hizo realidad. Antes de la Revolución, era inconcebible que un ejército compuesto principalmente por agricultores y comerciantes pudiera enfrentarse a la mejor armada y ejército del mundo y salir victorioso. La historia de esta época estadounidense continúa fascinando a la gente hasta el día de hoy.

La Revolución estadounidense merece nuestro estudio y aprecio. Después de todo, el Tratado de París en 1783 dio lugar a lo que se convertiría en uno de los países más grandes y poderosos del mundo: los Estados Unidos de América. La revolución también puede considerarse una evolución en la sociedad y los derechos del hombre. Las causas de este conflicto inspiraron a otras naciones y sigue siendo referencia para politólogos e historiadores.

Veremos los orígenes, las batallas y los compromisos y decisiones que provocaron la Revolución y la independencia de los colonos. Habrá subidas y bajadas emocionales. No todo lo que sucedió durante la Revolución estadounidense fue sensacional o correcto. La gente cometió errores, pero afortunadamente, aprendieron la lección.

Queremos presentarle a la gente la Revolución estadounidense con la esperanza de que despierte su interés al punto de seguir investigando. Hay mucho por aprender sobre las decisiones y los hechos que tuvieron lugar, especialmente porque los resultados se ven actualmente. Cuanto más entendamos la Revolución estadounidense, más apreciaremos las consecuencias que han dado forma al país en el que viven los estadounidenses hoy y al mundo en general.

Capítulo 1: Preludio de una rebelión

Comercio colonial

Las Trece Colonias en la Norteamérica británica eran un cúmulo de riqueza y diversidad. No dependían de un solo cultivo comercial, y las regiones tenían economías distintas. Estas colonias no eran centros de oro como México ni contenían reservas de plata como Perú, pero seguían siendo una fuente de riqueza y oportunidades.

La agricultura era la piedra angular de las economías de las colonias, y cada región se especializaba en cultivos adecuados a su entorno. Las colonias de Nueva Inglaterra, cuya gente debía adaptarse a terrenos rocosos y un clima áspero, se dedicaban principalmente a la agricultura de subsistencia, complementada con la pesca, la caza de ballenas y la recolección de madera. Aprovechaban los recursos naturales disponibles. Por el contrario, las Colonias Centrales, que presentaban un suelo fértil y un clima más agradable, surgieron como el "granero" de las Trece Colonias, y producían excedentes de trigo, cebada y avena, que alimentaban no solo a la población local sino también a los extranjeros.

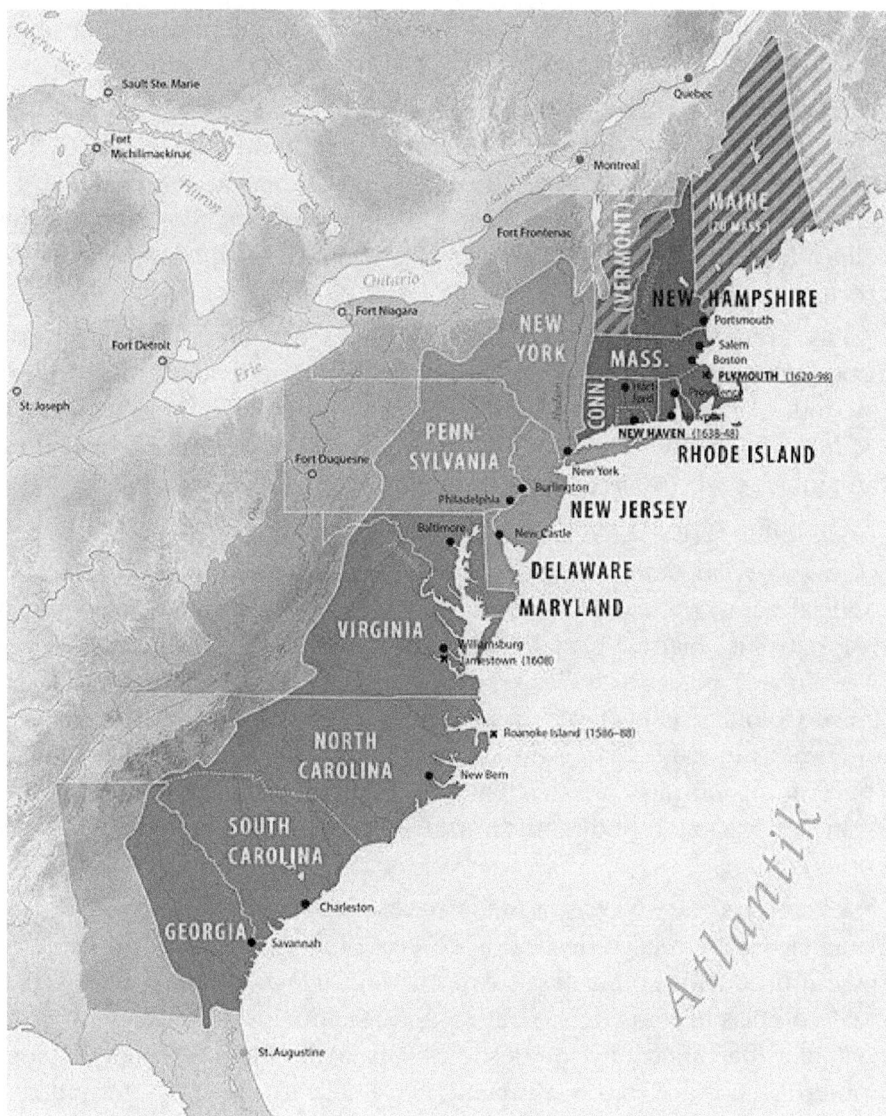

Una visión de las Trece Colonias. El rojo oscuro representa Nueva Inglaterra, el rojo-amarronado representa las Colonias Centrales y el marrón muestra a las Colonias del Sur[i]

La agricultura era un sector económico importante, pero también había industrias. Aunque la mayoría de los textiles se fabricaban en Gran Bretaña a partir de materias primas importadas desde las colonias, los textiles también se producían en Pensilvania utilizando lino.[i] El trabajo

---

[i]Hurst, N. T. (17 de marzo de 2020). Made in American. Obtenido de Colonialwilliamsburg.org:

de herraje de Nueva York y Virginia proveía utensilios y arrabios procesados para la exportación.

La construcción naval era una actividad esencial en Nueva Inglaterra. Las colonias construían embarcaciones para todo tipo de uso. Las balandras, los bergantines y las fragatas se ensamblaban con facilidad. La producción artesanal prosperó en todas las colonias. Los trabajadores calificados como herreros, zapateros y tejedores contribuyeron a una creciente economía local.

Las Trece Colonias eran menos rentables que las "islas azucareras". Esos pequeños pedazos de tierra en el Caribe generaban más riqueza que todas las colonias en la costa atlántica. Sin embargo, el negocio era estable, y había un comercio fuerte entre las Trece Colonias e Inglaterra. Sin embargo, el comercio atlántico era un punto de fricción.

Un punto serio de conflicto

El comercio exterior, especialmente con Europa y el Caribe, era esencial para la prosperidad económica, ya que permitía a las colonias exportar sus bienes excedentes e importar los productos básicos necesarios. Las Actas de Navegación regían el tráfico hacia y desde las Trece Colonias. Estas leyes, impuestas por Gran Bretaña a sus colonias americanas durante los siglos XVII y XVIII, estaban influenciadas por el concepto económico prevaleciente del mercantilismo, que sostenía que la fuerza nacional podía maximizarse a través de la regulación del comercio.

Las Actas de Navegación se redactaron para monopolizar los beneficios comerciales derivados de las colonias británicas. Afirmaban que los productos coloniales se exportarían exclusivamente a Inglaterra u otras colonias inglesas. Las Actas de Navegación estipulaban además que cualquier mercancía enviada desde Europa a las colonias tenía que pasar primero por Gran Bretaña y utilizar barcos tripulados predominantemente por marineros ingleses. Los estatutos endurecieron el control británico del comercio y protegieron a las empresas británicas de cualquier competencia con las colonias.[i]

Económicamente, las Actas de Navegación eran un problema para las colonias. Garantizaban un mercado británico para ciertos productos

https://www.colonialwilliamsburg.org/trend-tradition-magazine/spring-2018/made-american/.
[i] Wigington, P. (29 de noviembre de 2018). What Were the Navigation Acts? Obtenido de Thoughtco.com: https://www.thoughtco.com/navigation-acts-4177756.

coloniales, como el tabaco y el azúcar. Sin embargo, las leyes también limitaban severamente la capacidad de las colonias para participar libremente en el comercio internacional con países que podrían tener precios más competitivos para bienes y servicios. El requisito de que todos los productos europeos se enviaran a través de Inglaterra aumentó el costo de estos productos en las colonias y tensionó el crecimiento económico.

Oposición en las colonias

Inicialmente, algunos colonos aceptaron estas restricciones comerciales como parte de su contribución a la estrategia económica más amplia del imperio. Gran Bretaña practicó una política de "abandono saludable" en el $^{siglo\ XVII}$ y la mayor parte del $^{siglo\ XVIII}$. Esta actitud de "dejar ser" por parte de Gran Bretaña tenía que ver con la promulgación de leyes en las colonias. En otras palabras, los colonos estadounidenses tenían una mayor cantidad de libertad que otras colonias británicas.

La guerra de los Siete Años estalló en 1756. En realidad, el conflicto estalló en América del Norte el año anterior; y se conoce como la guerra franco-india. La guerra creó dificultades financieras para Gran Bretaña, y hubo una necesidad de que el Parlamento reforzara el control económico haciendo cumplir activamente las leyes creadas. La estricta aplicación de las Actas de Navegación creó oposición en las colonias americanas. La gente creía que las leyes estaban creando restricciones económicas y veía al monarca británico como un gobernante imperial autoritario que explotaba los recursos coloniales sin ofrecer una representación política justa o libertad económica.[i] La oposición fue especialmente fuerte en Nueva Inglaterra, donde el comercio marítimo era una piedra angular de la economía.

Las Actas de Navegación eran más que simples regulaciones comerciales. Eran reglas que daban forma al panorama económico de las colonias americanas. Para 1770, los efectos de estas actas habían puesto al descubierto las contradicciones entre las aspiraciones económicas de las colonias y las realidades de la política mercantilista británica. El resentimiento y la resistencia que engendraron entre los colonos contribuyeron significativamente a la ruptura de la autoridad colonial británica.

---

[i] American History Central. (4 de febrero de 2024). The Navigation Acts. Obtenido de Americanhistorycentral.com: https://www.americanhistorycentral.com/entries/navigation-acts/.

La aplicación condujo a un contrabando generalizado como forma de resistencia económica y una declaración política contra los actos. Las leyes también fomentaron un despertar político entre los colonos, que comenzaron a cuestionar la legitimidad del dominio británico. Muchos comenzaron a imaginar un futuro económico y político independiente.

Origen del problema

La guerra de los Siete Años (1756-1763) estaba en el corazón de las tensiones. Fue un conflicto global que abarcó continentes. Aunque Gran Bretaña y sus aliados ganaron, la victoria fue muy cara.

La deuda nacional de Gran Bretaña después de la guerra era de más de 130 millones de libras. Esta deuda se vio exacerbada por el precio de mantener y defender nuevas adquisiciones territoriales. El Parlamento británico trató de abordar la crisis financiera mediante la redistribución de las cargas fiscales en todo el imperio. Se esperaba que las colonias estadounidenses, que se habían beneficiado de los éxitos del ejército británico, pagaran su parte. Esta vez, no se utilizaría la política de "abandono saludable". Los pagos de las colonias debían recolectarse mediante una serie de leyes generadoras de ingresos.

El Parlamento promulgó varias medidas legislativas para aumentar los ingresos de las colonias y pagar la deuda. Se aprobaron una serie de proyectos de ley de impuestos; los más notables fueron la Acta del Azúcar de 1764 y la Ley del Sello de 1765. Estos proclamaban firmemente el derecho del Parlamento a gravar las posesiones británicas en el extranjero.

El Acta del Azúcar no era una legislación muy relevante. Imponía un impuesto más bajo a las importaciones de azúcar y melaza con la esperanza de que el impuesto realmente se pagara (el impuesto anterior no había funcionado realmente). La ley también revisó las regulaciones aduaneras del momento para administrar controles más estrictos sobre el contrabando de azúcar y melaza, y aumentar así los ingresos y reducir la actividad criminal. Fue derogada en 1766.

Sin embargo, la Ley del Sello era una forma más directa de tributación. Se requería que una amplia gama de documentos, periódicos e incluso cartas de juego en las colonias se produjeran en papel sellado, lo que significaba el pago del impuesto. La Ley del Sello imponía un coste, por pequeño que fuera, a los artículos que antes eran menos caros y, en algunos casos, gratuitos.[i]

Había una seria desconexión entre el gobierno británico y las colonias. Los estadounidenses estaban acostumbrados al gobierno local y a tener voz en las decisiones que los afectaban. No hubo representación colonial cuando se impusieron estos impuestos, por lo que los colonos se sintieron insultados. La Ley del Sello fue especialmente costosa y enormemente rechazada.

No prever la reacción de las colonias fue un grave error por parte del gobierno británico. El Parlamento subestimó la experiencia política de las colonias, que se había nutrido a través de décadas de relativa autonomía y autogobierno. Algunos miembros del Parlamento británico reconocieron los riesgos de enojar a los colonos estadounidenses y abogaron por su derecho a gravarse a sí mismos. Sin embargo, el sentimiento prevaleciente del Parlamento era que las colonias estadounidenses debían pagar su parte. Estos miembros subestimaron la resolución y la unidad de las colonias, y esto provocó imprevistos.

"No hay impuestos sin representación" se convirtió en un grito de guerra en las colonias. El posterior boicot a los productos británicos y el acoso a los distribuidores de sellos demostraron la determinación de los colonos estadounidenses de tener voz en las políticas que los afectaban.

El Congreso de la Ley del Sello

La oposición a la Ley del Sello era tan amplia que fue necesario considerar una respuesta formal. Una reunión de delegados de nueve de las Trece Colonias se reunió en la ciudad de Nueva York en octubre de 1765 con ese propósito. El producto final de lo que más tarde se llamaría el Congreso de la Ley del Timbre (o Ley del Sello) fue la adopción de la Declaración de Derechos y Agravios. El Congreso de la Ley del Sello produjo una declaración audaz que declaró que solo las legislaturas coloniales tenían la autoridad legal para gravar a las colonias americanas. Fue radical porque esta era una declaración de derechos coloniales y el rechazo de la interferencia parlamentaria en asuntos coloniales.

Se enviaron peticiones al rey Jorge III y al Parlamento exigiendo la derogación de la Ley del Sello. Las peticiones enfatizaban la lealtad colonial a la Corona y al Parlamento británicos. El gobierno británico se

---

[i] Triber, J. E. (4 de febrero de 2024). Britain Begins Taxing the Colonies: The Sugar & Stamp Acts. Obtenido de Nos.gov: https://www.nps.gov/articles/000/sugar-and-stamp-acts.htm.

sorprendió al recibir las peticiones, y hubo presión de los líderes empresariales británicos para poner fin al boicot de los productos británicos. La Ley del Sello fue derogada formalmente en febrero de 1766. Las colonias estadounidenses lo habían logrado.[i]

El Congreso de la Ley del Sello fue un evento significativo en la historia de Estados Unidos. Fue la primera acción importante tomada por las colonias en oposición a la política británica y mostró un sentido de unidad colonial que no se había visto antes.

El Congreso de la Ley del Sello introdujo a varios estadistas influyentes en la política colonial: James Otis de Massachusetts, que dirigió el movimiento para que se reuniera el Congreso de la Ley del Sello; John Dickinson de Pensilvania, quien desempeñó un papel esencial en la redacción de las peticiones y otros documentos; el presidente del Congreso de la Ley del Sello, Timothy Ruggles de Massachusetts; y John Rutledge de Carolina del Sur, que más tarde sería signatario de la Constitución de los Estados Unidos. También realizarían mayores servicios a la causa estadounidense más adelante en la historia.

El secreto oscuro del Parlamento

Las colonias estadounidenses ganaron esta batalla, pero la guerra iba a continuar. El mismo día en que el Parlamento británico derogó la Ley del Sello, aprobó también la Ley Declaratoria. Esta legislación establecía inequívocamente que el Parlamento tenía el poder de obligar o legislar sobre las colonias. John Adams advirtió a otros que el Parlamento usaría este poder para intentar gravar a las colonias nuevamente.[ii]

El concepto de "no hay impuestos sin representación" causó controversia entre los miembros del Parlamento. Este argumento expuso la existencia de "barrios podridos", distritos electorales con pequeños electorados controlados por terratenientes ricos. Estos condados permitieron que la nobleza terrateniente manipulara las elecciones a favor de sus candidatos preferidos a pesar de tener solo un puñado de votantes elegibles. A pesar de su pequeño tamaño, estos barrios podían enviar miembros del Parlamento a la Cámara de los Comunes.

---

[i] Zielinski, A. E. (17 de noviembre de 2021). What Was the Stamp Act Congress and Why Did It Matter. Obtenido de Ameicanbattlefields.org: https://www.battlefields.org/learn/articles/what-was-stamp-act-congress.

[ii] Zeidan, A. (4 de febrero de 2024). Stamp Act Congress. Obtenido de Britannica.com: https://www.britannica.com/topic/Stamp-Act-Congress.

Old Sarum, una antigua fortaleza en una colina cerca de Salisbury, era un ejemplo perfecto. Old Sarum no tenía residentes, sin embargo, seguía enviando dos miembros al Parlamento. Mientras tanto, lugares como Manchester, que tenían miles de habitantes, no tenían representación en el Parlamento británico. La protesta de las colonias americanas sin duda estaba preocupando a aquellos que lidiaban con la corrupción dentro del gobierno británico.

En resumen

La guerra de los Siete Años marcó un cambio significativo en la política colonial británica y sentó las bases para la Revolución estadounidense. El coste de la guerra llevó a Gran Bretaña a reevaluar su relación con las colonias americanas. El Parlamento respondió gravando a las colonias para aliviar la carga de la deuda nacional, lo que provocó una protesta y resistencia generalizadas. La incapacidad del gobierno británico para comprender el grado de descontento estadounidense con estas nuevas leyes fue un error crucial que se repetiría a futuro. El enfoque obstinado de Gran Bretaña para tratar con las colonias americanas llevó a consecuencias completamente evitables.

Con el tiempo, el conflicto entre Gran Bretaña y sus colonias americanas se transformó en algo más que una disputa sobre impuestos. Los temas de derechos, representación e identidad nacional se hicieron prominentes, y destacaron las dificultades de gobernar un imperio y la lucha por equilibrar la necesidad de ingresos con el deseo de libertad y autogobierno.

Las colonias enfrentaban sus propios desafíos económicos, como la desigualdad de ingresos y el peso de la deuda. Estos problemas locales, combinados con las demandas británicas de impuestos y restricciones comerciales, allanaron el camino para que las colonias finalmente se unieran en búsqueda de independencia y el derecho de controlar su destino.

Capítulo 2: Descontento creciente

A pesar de la ira creada por la Ley del Sello, los colonos estadounidenses se consideraban súbditos leales de la Corona británica. Solo querían tener voz en la forma en que se les cobraban los impuestos y preferían gobernarse a sí mismos con la menor interferencia posible. Los estadounidenses se decepcionarían de ambos aspectos.

Los años posteriores a la derogación de la Ley del Sello fueron críticos en la evolución de la relación entre Gran Bretaña y las colonias americanas. Había una creciente tensión sobre los impuestos, la representación y cómo Gran Bretaña gobernaría su extenso imperio norteamericano. El Parlamento promulgó una serie de medidas destinadas a afirmar su autoridad sobre las colonias, y esas medidas legislativas provocaron fuertes emociones dentro de Gran Bretaña y Estados Unidos.

El estado de ánimo de la cámara

La aprobación inmediata de la Ley Declaratoria después de la derogación de la Ley del Sello mostró el sentimiento de autoridad y control del Parlamento, que proclamaba que Gran Bretaña tenía el derecho y la autoridad de legislar las colonias "en todos los casos". Esa era una frase con un significado amplio que podría provocar muchos problemas. Sin embargo, el Parlamento estaba decidido a defender la soberanía del gobierno británico y garantizar la contribución financiera de las colonias para el mantenimiento y la defensa del imperio.

Los miembros del Parlamento pensaban que era lo justo. Las cargas económicas de la guerra franco-india habían obligado a Gran Bretaña a estabilizar sus finanzas, y las colonias se consideraban una fuente de ingresos crítica. Además, las Trece Colonias se habían beneficiado de la guerra y ahora estaban a salvo de cualquier incursión francesa. Deberían poder ayudar a pagar los gastos incurridos para protegerlos.

El Parlamento tuvo enérgicos debates sobre el creciente descontento de las colonias. Las Trece Colonias tenían sus amigos dentro de la cámara.

Apoyo a los estadounidenses

A pesar del intento insistente de autoridad y control, hubo miembros del Parlamento británico que abogaron por un enfoque más relativo. Estas figuras enfatizaban los principios de la libertad, los derechos de los ingleses y los peligros de que el conflicto se profundizara. Querían evitar que las cosas empeoraran.

Edmund Burke, un destacado político y filósofo whig, surgió como defensor vocal de la comprensión y la reconciliación con las colonias americanas. Burke advirtió sobre la naturaleza contraproducente de las medidas punitivas, y defendió el carácter y los derechos únicos de las colonias americanas dentro del imperio.[i]

William Pitt, conde de Chatham y respetado miembro del Parlamento, apoyó un enfoque más conciliador. Denominando a las políticas de gobierno como "miopes", Pitt pidió constantemente que se respetaran las quejas de las colonias y se fomentara el respeto mutuo. Creía que tal empatía no era un signo de debilidad. En cambio, recalcaba un enfoque razonable de las diferencias que fortalecería los lazos del imperio.[ii]

Charles James Fox, un destacado parlamentario whig, se opuso regularmente a las medidas disciplinarias del gobierno contra las colonias americanas y apoyó la causa de libertad estadounidense. Su posición se basaba en una visión amplia de la constitución británica no codificada y los derechos universales de los ingleses, que incluían a los

---

[i] Oxford Learning Link. (11 de febrero de 2024). Document-Edmund Burke, Excerpts from "Conciliation with the Colonies". Obtenido de Learnnglink.oup.com:
https://learninglink.oup.com/access/content/schaller-3e-dashboard-resources/document-edmund-burke-excerpts-from-conciliation-with-the-colonies-1775.

[ii] Colonial Williamsburg. (11 de febrero de 2024). William Pitt's Defense of the American Colonies. Obtenido de Slaveryandremembrance.org:
https://www.slaveryandremembrance.org/Almanack/life/politics/pitt.cfm.

súbditos de la Corona que residían en las colonias.[i]

Colectivamente, estos miembros del Parlamento reconocieron la legitimidad de las quejas de las colonias y la posibilidad de una resolución más armoniosa. Su defensa del diálogo y el respeto mutuo mostró una compleja interacción de intereses e ideologías que definió la relación prerrevolucionaria entre Gran Bretaña y las colonias americanas. También hubo agentes coloniales como Benjamin Franklin y Arthur Lee que presionaron al Parlamento y trabajaron entre bastidores.

Obstinación parlamentaria

Aunque había fuertes defensas de los derechos coloniales, la mayoría de los miembros del Parlamento aún deseaban ejercer el control y garantizar las contribuciones financieras de las colonias a las arcas del imperio. Los años anteriores a la Revolución estadounidense fueron notables por las medidas legislativas que buscaban reforzar una autoridad parlamentaria, a menudo a expensas de la autonomía y los derechos coloniales.

Una serie de leyes promulgadas por el Parlamento británico se convirtieron en el punto de apoyo para crear una creciente resistencia colonial a favor de la independencia. Estas leyes, aprobadas entre 1765 y 1774, fueron medidas cada vez más duras para aumentar los ingresos fiscales e imponer restricciones a las colonias americanas.

Leyes del Parlamento y de la Corona

- El Acta Declaratoria (1766)

Como se mencionó anteriormente, esta ley afirmaba el derecho del Parlamento "a obligar a las colonias y al pueblo de América... en todos los casos". No imponía ningún impuesto. El Acta Declaratoria representaba una afirmación simbólica de la autoridad sin disminución de Gran Bretaña sobre las colonias, incluido el derecho a gravarlas. Esta legislación destacaba el conflicto fundamental de la disputa colonial: la cuestión de si el Parlamento tenía la autoridad legítima para gobernar las colonias sin su representación.

---

[i] Powell, J. (1 de septiembre de 1996). Charles James Fox, Valiant Voice for Liberty. Obtenido de Foundation for Economic Freedom: https://fee.org/articles/charles-james-fox-valiant-voice-for-liberty/.

- Las leyes Townshend (1767)

Las leyes Townshend de 1767 introdujeron una nueva serie de impuestos sobre las importaciones a las colonias, incluidos el vidrio, el plomo, la pintura, el papel y el té. A diferencia de la Ley del Sello, que era un impuesto directo, los aranceles de Townshend eran impuestos indirectos sobre las importaciones, pero la distinción hizo poco para apaciguar a los colonos estadounidenses. Los ingresos recaudados se destinaban para pagar los salarios de los gobernadores y jueces coloniales, lo que erosionaba aún más la autonomía de los gobiernos coloniales locales. Las leyes Townshend reavivaron las llamas de la resistencia, lo que produjo boicots a los productos británicos y el surgimiento de movimientos de protesta organizados.[i]

- La Ley del Té (1773)

La Ley del Té fue un rescate corporativo del siglo XVIII. La Compañía Británica de las Indias Orientales estaba teniendo problemas financieros. El Parlamento británico, cuyos miembros incluían destacados accionistas de la compañía, aprobó la Ley del Té en 1773. La ley permitía a la Compañía Británica de las Indias Orientales vender el té excedente directamente a las colonias, evitando a los comerciantes coloniales y socavando sus negocios.

Si bien la Ley del Té en realidad reducía el precio del té, reforzaba la idea de que los colonos no tenían el control de su propio gobierno. Los colonos vieron este acto como un astuto intento de Gran Bretaña de hacer que consintieran la idea de los impuestos parlamentarios.[ii]

La disidencia colonial se hizo gradualmente más vocal, y finalmente se volvió destructiva en el Motín del té. El Parlamento británico respondió con severidad.

- Las Leyes Intolerables (1774)

También conocidos como los Actos Intolerables. Fueron un conjunto de estatutos destinados a penalizar a la gente de Massachusetts por el Motín del té y para disuadir futuros actos de resistencia. Estas actas cerraron el puerto de Boston hasta que se pagara el té destruido,

[i] History.com Editors. (13 de junio de 2009). Townshend Acts. Obtenido de History.com: https://www.history.com/topics/american-revolution/townshend-acts.

[ii] History.com Editors. (11 de febrero de 2024). British Parliament Passes Unpopular Tea Act. Obtenido de History.com: https://www.history.com/this-day-in-history/parliament-passes-the-tea-act.

alteraron la Carta de Massachusetts para aumentar la autoridad real y permitieron que los burócratas reales acusados de crímenes en las colonias fueran juzgados en Gran Bretaña.

La aprobación de las Leyes Intolerables no mantuvo a los colonos a raya. Los políticos británicos no supieron entender en dónde residían los sentimientos estadounidenses. En lugar de intimidar, las Leyes Intolerables unificaron a las colonias, lo que llevó a la formación del Primer Congreso Continental y marcó un paso decisivo hacia la independencia.[i]

Cada legislación socavaba la lealtad de los colonos estadounidenses a la Corona británica y destacaba la naturaleza insostenible de una relación definida por la gobernanza unilateral y la explotación económica. Estas actas no solo demandaban impuestos; desafiaban también la identidad y los derechos de los colonos como ingleses.

La respuesta colonial, caracterizada por argumentos intelectuales contra los impuestos sin representación, los boicots económicos y la acción directa como el Motín del té, reflejó una creciente creencia en el autogobierno y los derechos inherentes de los individuos. Los estatutos reformaron el panorama político, fomentaron un sentido de identidad estadounidense y sembraron las semillas de una revolución que el Parlamento podría haber evitado si sus miembros hubieran aplicado el sentido común.

Las Leyes Intolerables y el Motín del té permitieron que dos líderes coloniales surgieran entre el público. Estos hombres eran los "influyentes" de su época.

La familia Adams

Es trillado pensar en la Revolución estadounidense como un asunto familiar, pero un clan de Massachusetts tenía dos miembros que eran conocidos defensores de la independencia. Samuel (Sam) y John Adams eran primos segundos. Cada uno tenía un temperamento diferente, pero ambos tenían un objetivo común.

---

[i] Mount Vernon. (11 de febrero de 2024). The Coercive (Intolerable) Acts of 1774. Obtenido de Mountvernon.org: https://www.mountvernon.org/library/digitalhistory/digital-encyclopedia/article/the-coercive-intolerable-acts-of-1774/#:~:text=The%20Coercive%20Acts%20were%20meant,particular%20aspect%20of%20colonial%20life.

- Sam Adams

Sam Adams es una figura destacada en la historia de la Revolución estadounidense. Su nombre evoca imágenes de un orador intenso o tal vez una figura sombría que trama una rebelión en las tabernas de Boston. Era un poco más complejo que eso, y su papel en la revolución es fascinante.

Samuel Adams nació en Boston, Massachusetts, el 27 de septiembre de 1722, de una familia primordialmente religiosa y poseía un sentido puritano de propósito moral que más tarde influiría en su carrera política. Aunque comenzó como un hombre de negocios, su creciente disgusto por las leyes fiscales británicas lo hizo cada vez más político. Sam Adams pronto se convirtió en miembro vocal de la Asamblea de Massachusetts y en una figura pública bien conocida. Fue bendecido con profundas habilidades de oratoria y tenía un don para escribir piezas influyentes que promovían los derechos coloniales.

Adams organizó la oposición a la Ley del Sello de 1765 y las Leyes Townshend. Sus ensayos persuasivos ayudaron a unir a los colonos de diferentes regiones, iniciando debates sobre la autodeterminación.

En 1768, Adams escribió la Carta Circular de Massachusetts, instando a las colonias a resistir las imposiciones británicas, y creándose una reputación como radical dispuesto a desafiar la situación actual. Sería fundamental en la organización del Motín del té en 1773 (hablaremos sobre eso más adelante).

Sam Adams tenía una habilidad especial para organizar grupos para la acción pública. Ayudó a crear a los Hijos de la Libertad, un grupo clandestino opuesto a las políticas de la Corona. Adams instigó varios boicots y protestas. Tenía una capacidad inigualable para aprovechar la energía de los colonos descontentos.[i]

- John Adams

John Adams no era tan abiertamente apasionado como su primo, pero estaba tan dedicado a la causa de la independencia estadounidense como sus familiares.

---

[i] Boston National Historical Park. (10 de febrero de 2024). Samuel Adams: Boston's Radical Revolutionary. Obtenido del Servicio de Parques Nacionales: https://www.nps.gov/articles/000/samuel-adams-boston-revolutionary.htm.

John Adams vino a este mundo el 30 de octubre de 1735, en Braintree (ahora Quincy), Massachusetts. Su padre era diácono y agricultor, y también había servido en la milicia. John asistió a Harvard y, al graduarse, comenzó una carrera en derecho. Su práctica legal en el condado de Suffolk le dio un asiento de primera fila ante la creciente fricción política entre las colonias y Gran Bretaña.

La erudición y el don de la palabra escrita de John Adams se convirtieron en sus armas más potentes en el preludio de la guerra. Sus habilidades como escritor influyente y persuasivo se mostraron en sus ensayos políticos y respuestas a la tiranía percibida en las políticas británicas, como la Ley del Sello y las Leyes Townshend. Ensayos como "A Dissertation on the Canon and Feudal Law" (1765) defendían apasionadamente los derechos y el gobierno colonial mientras deconstruían los argumentos británicos. Estas obras solidificaron el estatus de John como voz radical y reforzaron su credibilidad entre los líderes coloniales.[i]

Ambos primos serían puntos focales en dos de los eventos más dramáticos de las colonias americanas.

La masacre de Boston

Para comprender los acontecimientos que condujeron a la Masacre de Boston, hay que considerar las tensiones socioeconómicas que se veían gestando durante años. Las leyes Townshend fueron aprobadas por el Parlamento británico en 1767, e imponían impuestos sobre varios bienes esenciales, como papel, pintura y té, lo que provocó protestas generalizadas y boicots entre los colonos. La Corona británica respondió a estos actos de desafío desplegando tropas en Boston. Esta ocupación militar provocó aún más a los ciudadanos resentidos, y creó una atmósfera de inestabilidad. Los eventos de la Masacre de Boston se desarrollaron en el contexto de una ira colonial explosiva.

En la noche del 5 de marzo de 1770, mientras la nieve cubría el suelo y las tensiones calentaban el ambiente, una simple disputa entre un aprendiz de fabricante de pelucas y un soldado británico se intensificó al punto de que algunos espectadores ruidosos se unieron a lanzar bolas de nieve, carámbanos e insultos a los soldados británicos. La multitud aumentó, y el centinela británico pidió refuerzos, que llegaron casi de

[i] Ellis, J. J. (4 de febrero de 2024). John Adams. Obtenido de Britannica.com: https://www.britannica.com/biography/John-Adams-president-of-United-States.

inmediato. El enfrentamiento alcanzó su clímax cuando un soldado, golpeado por un palo, disparó su mosquete, y provocó una lluvia de disparos. En el momento en que las armas se silenciaron, tres colonos yacían muertos, y dos más murieron después por sus heridas. La sangre manchaba la nieve y los gritos de angustia resonaban por toda la ciudad.

La reacción del público fue rápida y furiosa. Las noticias del sangriento encuentro se extendieron como un reguero de pólvora, intensificando el sentimiento antibritánico. Los principales patriotas como Samuel Adams y Paul Revere aprovecharon el poder del incidente, que calificaron como "masacre", y alimentaron las llamas de la revolución a través de relatos sensacionalistas.

Una inscripción de la Masacre de Boston de Paul Revere [2]

En una época en que los hechos no eran tan fácilmente verificables como lo son hoy en día, tales representaciones eran la narrativa aceptadas, consolidando la noción de tiranía británica en los corazones y las mentes de los colonos.

Los soldados no fueron linchados, pero se les exigió que fueran juzgados. Se necesitaría un coraje considerable para que cualquier abogado los defendiera, pero un hombre valiente dio un paso adelante.

En defensa de la justicia justa

Los soldados británicos encontraron un improbable defensor en John Adams. Aunque era un patriota ferviente, Adams creía firmemente en el derecho a un juicio justo y en el estado de derecho.

Aceptar el caso planteó riesgos significativos para la reputación y la práctica legal de Adams. Su posible alienación de los grupos patrióticos, el peligro personal y la sospecha de ser un simpatizante leal significaban que Adams estaba caminando por la cuerda floja legal y social. Su sentido del deber, sin embargo, superaba todos estos riesgos.

El punto defensivo en la defensa de Adams radicaba en demostrar que los soldados habían actuado en defensa propia contra una turba con intenciones violentas. Diseccionó los relatos de testigos y destacó las inconsistencias en sus testimonios. Adams argumentó hábilmente: "Los hechos son cosas obstinadas; y cualesquiera que sean nuestros deseos, nuestras inclinaciones o los dictados de nuestra pasión, no pueden alterar el estado de los hechos y la evidencia".

Su capacidad para permanecer desapasionado, su insistencia en separar los hechos de la ficción y su articulación de las complejidades de la ley ante el jurado le hicieron ganar el caso. La mayoría de los soldados fueron absueltos. Los dos que se demostró que habían disparado directamente a la multitud fueron declarados culpables de homicidio involuntario y marcados en el pulgar como primera ofensa.

La absolución de los soldados británicos fue un triunfo para el principio del debido proceso. La exitosa defensa de Adams destacó sus formidables habilidades como abogado y su profunda creencia en la justicia. Su participación en el juicio no obstaculizó su carrera; en cambio, reforzó su reputación como un hombre honesto y justo. Años más tarde, Adams reflexionó sobre su participación, y lo consideró uno de los mejores servicios que había prestado a Estados Unidos.

Pintura de John Adams en 1766[3]

Digno de un loco

El veredicto de absolución no alivió las tensiones entre las Trece Colonias y Gran Bretaña. Se produjeron otros incidentes que pusieron de relieve el conflicto entre las dos partes. El más recordado fue el Motín del té.

El gobierno británico todavía deseaba ejercer control y pedir impuestos sobre sus súbditos estadounidenses. Con la Ley del Té de 1773, el gobierno británico otorgó a la Compañía de las Indias Orientales un monopolio sobre el comercio del té en las colonias, y socavó efectivamente a los comerciantes locales. Era un ejemplo clásico de impuestos sin representación. Este acto enfureció a los colonos. La aparente ira de los estadounidenses fue una gran oportunidad para un notorio instigador colonial llamado Sam Adams.[i]

Revolviendo la olla

Como líder influyente en la legislatura de Massachusetts y de los clandestinos Hijos de la Libertad, Sam Adams desempeñó un papel enérgico en la organización de la oposición a la Ley del Té de 1773. Adams utilizó sus excepcionales habilidades de oratoria y su red política para agitar y unir al público. Dirigió el movimiento de resistencia.

En la noche del 16 de diciembre de 1773, los miembros de los Hijos de la Libertad, disfrazados de indios Mohawk, abordaron tres barcos británicos amarrados en el puerto de Boston. Los barcos estaban cargados de cofres de té. En unas pocas horas, 342 cofres de té habían sido arrojados por la borda al agua. La pérdida de este té fue significativa; los Hijos de la Libertad destruyeron alrededor de $ 1,7 millones de dólares en té.

Sam Adams no estaba allí arrojando té en el puerto con los manifestantes. Sin embargo, no hay duda de que reunió a los Hijos de la Libertad para ejecutar ese acto de rebeldía.

Consecuencias severas

Como se mencionó, el Motín del té tuvo repercusiones inmediatas y trascendentales. A ojos del gobierno británico, la destrucción del té era un acto inaceptable que exigía una respuesta rápida y dura. Sin embargo, las severas medidas de represalia del gobierno británico no obligaron a los colonos a someterse. En cambio, galvanizó a las Trece Colonias para formar una unidad más cohesiva de resistencia contra lo que consideraban una tiranía.

La relación entre Gran Bretaña y sus súbditos estadounidenses se estaba complicando.

---

[i]History.com Editors. (27 de octubre de 2009). Boston Tea Party. Obtenido de History.com: https://www.history.com/topics/american-revolution/boston-tea-party.

Capítulo 3: Boston bajo asedio

El Parlamento británico se puso furioso cuando la noticia del Motín del té llegó a Londres. Una considerable fortuna yacía ahora en el fondo del puerto de Boston, una gran pérdida para la Compañía Británica de las Indias Orientales, los inversores y el gobierno británico. Además, el Parlamento estaba enojado con esta muestra de oposición colonial a la Corona.

Los miembros del Parlamento, liderados por Lord North, primer ministro, trataron de reafirmar el poder del Imperio británico y su posición inquebrantable sobre los levantamientos coloniales. Los miembros del Parlamento estaban listos para dar una dura lección a los estadounidenses. Las Leyes Intolerables se aprobaron en 1774.

Estas leyes fueron una colección de estatutos que tenían como objetivo ejercer un control directo sobre las colonias estadounidenses y castigar a Massachusetts por el Motín del té. Incluían lo siguiente:

- **La Ley del Puerto de Boston** cerraba efectivamente el puerto de Boston, paralizaba el comercio y la economía de la colonia hasta que se pagara el té destruido. La marina británica tuvo la tarea de bloquear el puerto de Boston desde el 1ero de junio de 1774. El puerto permanecería cerrado hasta que Boston reembolsara a la Compañía Británica de las Indias Orientales el precio de la carga perdida.

- **La Ley del Gobierno de Massachusetts** reestructuraba el gobierno colonial, revocando la Carta de Massachusetts de 1691. Limitaba las reuniones de la ciudad y reemplazaba al

Consejo de Massachusetts por uno designado por la realeza, aniquilando el autogobierno local. La ley otorgaba al gobernador real la autoridad para nombrar alguaciles y jueces del condado sin la aprobación del consejo.

- **La Ley de Administración de Justicia** permitía que cualquier burócrata real acusado de un delito fuera juzgado en Gran Bretaña u otra colonia en lugar de Massachusetts, asegurando lo que los colonos consideraban juicios falsos. Se eliminaba el derecho a un juicio justo por parte de los compañeros, una práctica legal que se remonta a la Carta Magna.

- **La Ley del Alojamiento** requería que los gobiernos locales proporcionaran alojamiento y suministros para los soldados británicos en Estados Unidos. Los soldados debían ser alojados en casas deshabitadas, dependencias, graneros u otros edificios a expensas de la colonia.[i]

El estado de ánimo del Parlamento británico durante la aprobación de las Leyes Intolerables fue de furia apenas contenida, orgullo herido y una firme determinación de suprimir y disciplinar lo que consideraban una extensión colonial rebelde del imperio.

El estado de ánimo de venganza era evidente en cada acta, ya que estaban diseñadas para castigar y aislar a Boston, el epicentro de la resistencia colonial. Todas las leyes eran punitivas y mostraban la disposición del Parlamento a penalizar a las colonias económica y administrativamente. La amenaza era obvia: cualquier colonia estadounidense que se enfrentara a la Corona sufriría el mismo trato que Massachusetts.

Medidas duras

No se puede exagerar la devastación económica causada por el cierre del puerto de Boston. El puerto era el alma de la economía local, era el centro del comercio, y su cierre provocó dificultades en todo Massachusetts. Los comerciantes se enfrentaron a la bancarrota, los trabajadores perdieron sus empleos y toda la comunidad sufrió estas pérdidas.

---

[i]Eisenhuth, C. (10 de febrero de 2024). The Coercive (Intolerable) Acts of 1774. Obtenido de Mountvernon.org: https://www.mountvernon.org/library/digitalhistory/digital-encyclopedia/article/the-coercive-intolerable-acts-of-1774/#:~:text=The%20Coercive%20Acts%20were%20meant,particular%20aspect%20of%20colonial%20life.

Políticamente, las leyes intentaron desmantelar el tejido mismo del gobierno de Massachusetts. Los británicos esperaban sofocar el creciente espíritu de independencia al eliminar su autodeterminación. En cambio, echaron leña al fervor revolucionario. Cada apriete de la soga reafirmaba para muchos la necesidad de una resistencia abierta. Socialmente, exigir que las legislaturas coloniales paguen y proporcionen alojamiento para los soldados británicos alimentó el resentimiento y sumó peso a las crecientes tensiones.

El gobierno británico estaba cansado de la rebeldía colonial y desató su ira contra individuos y colonias. La persona más notable que soportó la ira del gobierno británico fue Benjamin Franklin.

Franklin era quizás el estadounidense más conocido de su tiempo. Franklin vivió en Londres como agente colonial para Pensilvania (y más tarde para Massachusetts, Georgia y Nueva Jersey). Su papel era representar los intereses de las colonias ante el gobierno británico, abogando por un trato justo y la liberación de la legislación opresiva. Lamentablemente, este distinguido hombre quedó atrapado en el conflicto y fue señalado por abuso ante el Consejo Privado del Rey.

La humillación provino de una pila de cartas. Franklin había obtenido una pila de correspondencia escrita por Thomas Hutchinson, quien era el gobernador real de Massachusetts, y otros funcionarios, que luego envió de regreso a Estados Unidos. Estas cartas pedían un compendio de los derechos y libertades de los colonos, sugiriendo que eran demasiado liberales. Cuando las cartas finalmente se filtraron y se publicaron en la *Gaceta de Boston*, causaron un alboroto entre los colonos, ya que se consideraban una amenaza directa a sus libertades. Hutchinson y sus seguidores se indignaron y exigieron represalias. La Corona estaba encantada de complacer.

El 29 de enero de 1774, Franklin fue llamado ante el Consejo Privado en la "Cabina" del Palacio de Whitehall para hablar sobre la filtración de las cartas. Decidió defender sus acciones, pero fue objeto de una dura censura pública. El procurador general Alexander Wedderburn desató un torrente de abusos verbales contra Franklin, y atacó su carácter y reputación. Franklin fue acusado de ser un ladrón y un espía, y lo retrataron como ejemplo de la ingratitud de las colonias.

En una sala llena de espectadores, Franklin fue humillado y ridiculizado sin la oportunidad de una defensa adecuada. Permaneció en silencio, absorbiendo las burlas y las reproches, impotente ante los ataques de Wedderburn. Franklin más tarde compararía el episodio con un hostigamiento de toros. El hombre estaba completamente desprestigiado.[i]

Los sentimientos de Franklin después de la reunión del Consejo Privado se resumen mejor en una carta que escribió pero que no envió a William Strahan, un impresor y editor inglés:

"Eres miembro del Parlamento y una de esa mayoría que ha condenado a mi país a la destrucción. Has comenzado a quemar nuestras ciudades y asesinar a nuestra gente. ¡Mira tus manos! ¡Están manchadas con la sangre de tus parientes! Tú y yo fuimos amigos durante mucho tiempo; ahora eres mi enemigo, y yo soy el tuyo".[ii]

El incidente fue fundamental para cambiar la visión de Franklin sobre el Imperio británico y sus líderes. Una vez había trabajado incansablemente por la reconciliación entre Estados Unidos y Gran Bretaña, pero cuando regresó a casa, se había desencantado y se había juntado con aquellos que abogaban por la independencia completa. Benjamin Franklin pronto demostraría lo poderoso que era como enemigo.

Desafío colonial ante la adversidad

A pesar de estos desafíos, la respuesta de Boston fue emblemática para la época. Lejos de quebrarse bajo la presión, la ciudad se convirtió en un faro de rebelión. Massachusetts, el punto focal del castigo británico, se convirtió rápidamente en un centro de rebeldía colonial.

Los patriotas en Massachusetts coordinaron una serie de reuniones clandestinas, que culminaron en la formación de gobiernos conocidos como Congresos Provinciales. Estos grupos, autorizados por el pueblo, se reunían en secreto y comenzaban a asumir funciones de gobierno local.

El apoyo a Massachusetts resonó en todas las otras colonias. En lo que se conoció como la Resolución de Suffolk, se instó a las colonias a no obedecer las Leyes Intólerables, y se pidió a los residentes de Massachusetts que nombraran oficiales de la milicia y se armaran. Las Resoluciones de Suffolk también pedían sanciones económicas a Gran

---

[i] Founders Online. (10 de febrero de 2024). The Final Hearing. Obtenido de Founders Online: https://founders.archives.gov/documents/Franklin/01-21-02-0018.
[ii] Franklin, Benjamin. (10 de febrero de 2024). Benjamin Franklin in His Own Words. Obtenido de Loc.gov: https://www.loc.gov/exhibits/franklin/franklin-break.html.

Bretaña.[i]

Las colonias se unieron a esta causa común. La House of Burgesses de Virginia declaró un "Día de ayuno y oración", para mostrar solidaridad con Massachusetts y desafiar la legitimidad del Parlamento británico. Carolina del Sur creó un Comité de Correspondencia, que facilitó la comunicación y la coordinación entre las colonias. Esto creó un frente unido contra la influencia británica. Once colonias eventualmente tendrían sus propios comités.

Se realizaron manifestaciones públicas en Nueva York y Pensilvania para educar a las poblaciones locales sobre la naturaleza injusta de las leyes y sus implicaciones para la libertad colonial. Una red de comités, el surgimiento de los Congresos Provinciales y el apoyo expresado a través de la ayuda a Boston proporcionaron evidencia de que los colonos no cederían ante el peso de una legislación opresiva.

La respuesta a las Actas Intolerables demostró un nivel de madurez política y unidad que no se había visto antes en las colonias. Estos actos colectivos de desafío y la consiguiente convocatoria del Primer Congreso Continental proporcionaron el marco organizativo necesario para montar un desafío exitoso frente al dominio británico.

La negativa del Parlamento a ver la razón fue una tremenda oportunidad para los radicales coloniales y los agitadores. Las Leyes Intolerables fueron una inspiración para estas personas influyentes del siglo XVIII. Samuel Adams se aprovechó de esta situación. En 1774, era un hombre muy ocupado.

Sam Adams trabajó incansablemente para promover las Resoluciones de Suffolk, que exigían una resistencia absoluta a las Leyes Intolerables, y rechazaban su legitimidad. Su capacidad para negociar con otros delegados condujo a la aprobación de las Resoluciones de Suffolk por el Primer Congreso Continental.[ii]

[i]American History Central. (10 de febrero de 2024). The Suffolk Resolves. Americanhistorycentral.com. Obtenido de Suffolk Resolves Summary 1774: https://www.americanhistorycentral.com/entries/suffolk-resolves/.

[ii]Boston National Historical Park. (10 de febrero de 2024). Samuel Adams: Boston's Radical Revolutionary. Obtenido del Servicio de Parques Nacionales: https://www.nps.gov/articles/000/samuel-adams-boston-revolutionary.htm.

La reunión de un congreso

Las brasas del malestar se encendieron y avivaron con las Leyes Intolerables. Estas leyes serían el catalizador para el Primer Congreso Continental. Adams supo entonces que el tiempo de hablar estaba llegando a su fin y que el tiempo de la acción unificada había llegado.

El Primer Congreso Continental se convocó el 5 de septiembre de 1774, en el Carpenters 'Hall de Filadelfia, en un ambiente de tensiones creciente. La asamblea nació de una necesidad colonial colectiva de abordar las quejas contra la Corona británica y formar un frente unificado. El Congreso reunió a representantes de doce de las trece colonias, siendo Georgia la excepción.[i]

El Primer Congreso Continental sentó las bases para la unidad estadounidense frente a la opresión británica. Mostró cooperación intercolonial y solidaridad política. Se esperaba que un fuerte mensaje al gobierno real evitara nuevas infracciones a lo que los colonos estadounidenses percibían como sus derechos.

Carpenters' Hall de Filadelfia[i]

---

[i]Horan, Katherine. (10 de febrero de 2024). First Continental Congress. Obtenido de Mountvernon.org: https://www.mountvernon.org/library/digitalhistory/digital-encyclopedia/article/first-continental-congress/#:~:text=One%20of%20the%20Congress%27s%20first,and%20to%20raise%20a%20militia.

Como hemos dicho repetidamente, el mundo siempre necesita líderes.

Los asistentes no procedían de la gente común del pueblo, pero los dirigentes seguían siendo diversos. Había ricos terratenientes, abogados y comerciantes. Todos promovían los deseos y necesidades de su colonia. Los miembros principales de la asamblea incluyeron a Samuel Adams y John Adams de Massachusetts, John Jay de Nueva York y George Washington de Virginia.

Sam Adams entendió la importancia cultural del Primer Congreso Continental. No era simplemente una reunión de representantes; también era la encarnación de una identidad estadounidense separada y distinta de la británica. Su impulso por la unidad y su argumento de que la lucha contra la Corona era la lucha de todos ayudaron a forjar un espíritu nacionalista que trascendía todas las fronteras.

En esencia, Sam Adams hizo más que formar opiniones sobre el Congreso Continental; lo usó como una plataforma para unir a las colonias con un propósito compartido: la independencia.

John Adams entró en el Primer Congreso Continental, consciente de los crecientes disturbios civiles de la colonia. Alimentado por su ardiente compromiso con los derechos coloniales y la perspicacia legal, Adams se convirtió en una figura central en la resistencia contra las onerosas políticas británicas.

Adams abordó los complejos fundamentos legales y filosóficos de los derechos coloniales. Su talento para la persuasión y su incansable ética de trabajo ayudaron a redactar resoluciones que subrayaban la legitimidad de la causa del Congreso. Adams se esforzó por salvar los conflictos provinciales que amenazaban la unidad, entendiendo que un frente colectivo era el único camino viable contra el dominio británico.

John Jay era menos famoso que otros asistentes, pero rápidamente se distinguió por su enfoque pragmático de la diplomacia. Jay era conservador por naturaleza y no era defensor de la rebelión absoluta; en cambio, favorecía las políticas moderadas y el discurso estratégico con la Corona.

La naturaleza meticulosa de Jay se destacó durante su participación en el Congreso. Contribuyó a la redacción del "Discurso al pueblo de Gran Bretaña", en el que articuló las quejas y los deseos de los colonos de una manera firme pero conciliadora, que reflejaba su previsión y deseo de una resolución pacífica.

George Washington aportó su presencia majestuosa y una sensación de firmeza y resolución al Primer Congreso Continental. Su experiencia militar y liderazgo durante la guerra franco-india le dieron una reputación de dedicación inquebrantable a la causa colonial.

Si bien Washington no fue tan vocal como algunos de sus colegas, sus contribuciones vinieron desde su compostura y respeto que obtuvo de sus compañeros delegados. Su sola presencia era un testimonio de la seriedad de la intención del Primer Congreso Continental, y cuando hablaba, era con la claridad y la convicción de un líder plenamente consciente de la gravedad de su situación.

Muchos otros hombres asistieron al Congreso, con diferentes facetas de liderazgo, ya sea a través de una defensa entusiasta, negociación estratégica o unidad estoica, inspirando a otros a tomar medidas.

El debate y los resultados

Como los delegados provenían de diferentes colonias, tenían actitudes variadas hacia la rebelión. Algunos buscaban la reconciliación con Gran Bretaña, mientras que otros, como Samuel Adams, creían que la independencia era el único camino viable. Los delegados debatieron con entusiasmo. Para cuando se levantó el Primer Congreso Continental, se habían determinado varias resoluciones y recomendaciones.

El Primer Congreso Continental respaldó las Resoluciones de Suffolk, que rechazaban la Ley del Gobierno de Massachusetts. En cambio, se prepararían para la resistencia armada contra los británicos. El Congreso creó una Declaración de Derechos y Agravios, que establecía el derecho de las colonias a participar en el gobierno como extensiones de la Corona y cataloga las infracciones y abusos percibidos por Gran Bretaña. Esto afirmaba una identidad política separada de Gran Bretaña a pesar de seguir reclamando lealtad a la Corona británica.

El resultado más significativo fue la Asociación Continental. Esta establecía un sistema de no importación, no exportación y no consumo para boicotear los productos británicos. Esta arma económica tenía como objetivo presionar a Gran Bretaña para que derogara una legislación onerosa.

Un fino hilo de lealtad a la Corona persistió en el Primer Congreso Continental. Los delegados buscaron principalmente abordar injusticias específicas en lugar de buscar la separación absoluta. Sin embargo, a medida que se desarrollaban los acontecimientos, la gente se separaba lentamente de Gran Bretaña.

Reacción del Parlamento

El Primer Congreso Continental fue una reunión que señaló la determinación colonial contra lo que consideraban políticas británicas opresivas. Pero, ¿cuál fue la reacción al otro lado del océano? ¿Cómo respondieron los políticos dentro de los sagrados salones del Parlamento británico?

La reacción del Parlamento fue mixta y destacó las grandes diferencias de opinión entre los miembros. Algunos preveían el peligro de una rebelión y abogaban por la reconciliación. Otros, sin embargo, interpretaron las acciones del Congreso como un desafío absoluto, lo que justificaba una respuesta firme para mantener la autoridad británica. El sentimiento dominante era que las concesiones solo alentarían el espíritu rebelde.

Los debates dentro del Parlamento fueron tensos y llenos de emoción, lo que refleja la gravedad de la situación. Había quienes, como Lord North, sentían que las acciones de las colonias no podían pasar desapercibidas. Otros, como Edmund Burke y William Pitt el Viejo, argumentaban que los colonos estadounidenses tenían ciertos derechos como ingleses y que el Parlamento debería apuntar a reparar la relación, no a profundizar el abismo. En varios discursos y propuestas, instaban a sus pares a reconocer las preocupaciones legítimas de las colonias derivadas de leyes como la Ley del Sello y la Ley del Té.

Las colonias representaban importantes intereses comerciales, y su cooperación era esencial para el buen funcionamiento del sistema mercantil. A pesar de esto, el Parlamento optó por reforzar la autoridad. La oposición argumentó que el principio de soberanía parlamentaria estaba en juego. Para muchos legisladores británicos, ceder a las demandas coloniales equivaldría a admitir que el Parlamento no tenía la autoridad legislativa necesaria sobre las colonias. Ceder frente las colonias norteamericanas podría significar ceder frente los colonos que viven en las rentables islas del Caribe.

En última instancia, la Corona consideraba que el Primer Congreso Continental era una asamblea ilegal y anuló todas sus decisiones.

Dentro de la reacción del Parlamento había un malentendido fundamental: los británicos veían el Primer Congreso Continental como un desafío a su autoridad en lugar de una reacción a las políticas que los colonos consideraban injustas. La reacción del Parlamento británico surgió del conflicto inherente entre la necesidad de controlar un vasto imperio y el creciente deseo de autodeterminación de las colonias.

En resumen

El Primer Congreso Continental fue un precursor de la Declaración de Independencia y la eventual guerra revolucionaria de los Estados Unidos. Su legado está consagrado no solo en los resultados y la correspondencia que se originaron a partir de él, sino también en la unidad y resolución que se fomentó entre diversas colonias que tenían diferentes intereses y culturas. En ese momento, sin embargo, no llegaron los cambios que el Primer Congreso Continental esperaba. El Parlamento subestimó la resolución de los colonos, y adoptó una postura estricta que agravó las tensiones. La reacción británica solo alienó más profundamente a las colonias, y allanó el camino para eventos que traerían consecuencias drásticas.

Hubo un desacuerdo mutuo que ya no permitía un debate tranquilo o una resolución razonable. Ambos lados comenzaron a impacientarse. La decisión final sobre el futuro no ocurriría en Londres ni Filadelfia; se tomaría en el verde paisaje de dos pequeños pueblos.

Capítulo 4: El disparo

El año 1775 fue fundamental para las Trece Colonias. Una serie de eventos culturales, económicos, políticos y sociales agitaron la olla de la revolución, y derivó en los encuentros fatídicos en Lexington y Concord.

Estos eventos no ocurrieron de forma aislada, y culminaron en crecientes tensiones y agravios que habían estado reprimidos durante años. La reacción del Parlamento al Primer Congreso Continental hizo añicos los intentos de reconciliación razonable con Gran Bretaña.

Por detrás se estaban gestionando en silencio las preparaciones para el conflicto. Los Minutemen, milicianos coloniales a tiempo parcial, comenzaron a entrenar con más frecuencia. Se almacenaron pólvora y armas, y los líderes coloniales, incluidos Samuel Adams y John Hancock, despertaron el apoyo del pueblo a través de los Comités de Correspondencia. Algunos estadounidenses esperaban una resolución pacífica, pero el resto no era tan optimista. Patrick Henry pareció resumir el estado de ánimo popular cuando dijo: "¡La guerra es inevitable, déjenla llegar! Repito, señores, déjenla llegar".[1] La gente estaba empezando a prepararse para la guerra.

El poder de la comunicación.

La comunicación frente a la opresión tomó una forma formalizada a través de los Comités de Correspondencia. Este sistema era el Facebook

---

[1] Wirt, William (ed. 1973). Give Me Liberty or Give Me Death. Obtenido de Colonial Williamsburg: https://www.colonialwilliamsburg.org/learn/deep-dives/give-me-liberty-or-give-me-death/.

de ese tiempo: una red revolucionaria de fibra óptica sin la óptica y las fibras. Estos comités servían como rutas de información entre las Trece Colonias. Difundían noticias, coordinaban respuestas a las políticas británicas y sembraban sentimientos de unión para fomentar la resistencia colonial.

En 1775, los Comités de Correspondencia se habían convertido en poderosas herramientas de diplomacia y defensa. Se transformaron en cuerpos dinámicos que abogaban por la resistencia y la alineación contra la extralimitación del gobierno imperial. Estos comités trabajaban incansablemente para coordinar las respuestas a las políticas británicas, fomentaban las asociaciones intercoloniales y reunían apoyo para la creciente causa de la independencia.

Estos instrumentos de comunicación colonial sobresalieron en algunos roles fundamentales:

- Difusión de información: actuaban como un "Pony Express" colonial, y difundía rápidamente las noticias de las acciones británicas junto con las interpretaciones que impulsaban la causa patriótica.

- Unidad: los comités fortalecieron un sentido de solidaridad y resolución colectiva entre los colonos, alentando ideales y objetivos compartidos.

- Liderazgo local: servían como órganos de gobierno locales e intercoloniales, e influían en gran medida en las políticas coloniales y la gobernanza local.

- Crónica de eventos: documentaban meticulosamente los eventos y los resultados de las políticas británicas, y creaban un registro escrito que servía como potente propaganda y documentación histórica.

Los esfuerzos incesantes de los comités empoderaron a las personas, inculcaron una conciencia colectiva entre el pueblo estadounidense y encendieron la llama de la autodeterminación. Mantuvieron los fuegos de la resistencia ardiendo intensamente.[i]

---

[i] Longley, R. (14 de octubre de 2020). Committees of Correspondence: Definition and History. Obtenido de Thoughtco.com: https://www.thoughtco.com/committees-of-correspondence-definition-and-history-5082089.

Los radicales mantuvieron a los colonos alertas a lo que estaba sucediendo y agitaron la opinión pública. Es crucial comprender quiénes eran los radicales en los meses previos a la Revolución estadounidense en 1775. No eran rebeldes sin sentido y sin causa; eran estratégicos, impulsados y abrazaban sentimientos revolucionarios que realinearían la trayectoria de toda una nación.

Estos líderes no trabajaron de forma aislada; encabezaron una red de revolucionarios de ideas afines, y aprovecharon las restricciones británicas para orquestar un movimiento a gran escala hacia la revolución. No eran necesariamente hombres de negocios de clase media. Entre estos incendiarios se encontraba un hombre que era uno de los hombres más ricos de las colonias.

John Hancock: plutócrata y patriota

En la historia de la Revolución estadounidense, John Hancock es un hombre cuyo nombre se ha convertido en sinónimo de firmas audaces, pero sus actos fueron mucho más allá de la pluma. En 1775, John Hancock se encontraba en el epicentro de la resistencia colonial. Su apoyo financiero y liderazgo a través de varios comités coloniales lo marcaron como un objetivo para las autoridades británicas. Su proximidad a figuras fundamentales como Samuel Adams y Paul Revere lo vinculó irrevocablemente a la causa de la independencia estadounidense.

Nació el 23 de enero de 1737 en Braintree, Massachusetts. Heredó una fortuna sustancial de su tío, Thomas Hancock, que le otorgó tanto riqueza como influencia en la colonia de Massachusetts. Como comerciante, la participación de Hancock en el comercio le presentó las duras realidades de las políticas coloniales británicas y el descontento latente de las colonias. Dada su considerable riqueza, debería haber sido lealista, pero no era.

Simpatizaba con los radicales, y podría haber sido uno de los organizadores del Motín del té en Boston. Los británicos sospechaban que era un contrabandista, pero John Adams pudo ayudar a Hancock a escapar de las condenas por contrabando.[i]

---

[i] NCC Staff. (24 de mayo de 2021). 10 Fascinating Facts About John Hancock. Obtenido de Constitutioncenter.org: https://constitutioncenter.org/blog/10-fascinating-facts-about-john-hancock.

El estatus de John Hancock subió al ser elegido presidente del Segundo Congreso Continental en 1775. Este importante rol lo colocó al frente de los asuntos coloniales en momentos críticos. Hancock tenía la responsabilidad de unir colonias dispares, galvanizar los esfuerzos militares y facilitar el diálogo que eventualmente redactaría la Declaración de Independencia.

El comandante británico

En la historia de la Revolución estadounidense, pocas figuras británicas son tan prominentes y controvertidas como el teniente general Thomas Gage. Desempeñó un papel fundamental como comandante británico durante las primeras etapas de la Revolución estadounidense. Gage se desempeñó como gobernador de la bahía de Massachusetts y comandante en jefe de las fuerzas británicas en América del Norte. Su permanencia en este entorno volátil estuvo marcada por el aumento de las tensiones entre las colonias americanas y la Corona británica.

La relación de Thomas Gage con América del Norte era de larga data. Llegó por primera vez al continente como teniente coronel en 1754 para participar en la guerra franco-india. Después de varios nombramientos militares y un breve regreso a Inglaterra, Gage regresó a las colonias en 1763 como comandante de todas las fuerzas británicas en América del Norte. Su profunda familiaridad con la tierra y su gente abarcó más de dos décadas.

Durante sus años en el continente, Gage tuvo la oportunidad de desarrollar sus opiniones sobre las colonias americanas y sus habitantes. Estas percepciones influirían en sus estrategias y políticas en los años previos a la revolución.

Las responsabilidades de Gage eran extensas y multifacéticas. Como gobernador militar, se le encomendó la tarea de implementar y hacer cumplir las leyes cada vez más impopulares aprobadas por el Parlamento británico. Sus deberes incluían mantener el orden, supervisar la administración colonial y comandar a las tropas británicas localizadas en América del Norte. Fue el eje de los esfuerzos de Gran Bretaña para mantener la obediencia colonial, una posición poco envidiable frente al creciente espíritu revolucionario.

Thomas Gage[5]

Si bien Gage reconoció el ingenio y la resolución de los colonos, que obtuvo en conflictos pasados, también albergaba un cierto desdén por su rebeldía. En correspondencia con sus superiores, Gage expresaba con frecuencia la creencia de que los agitadores estadounidenses eran una minoría ruidosa, aunque una minoría en fin, y que muchos colonos seguían siendo leales a la Corona.

Sin embargo, a medida que crecía la agitación y los susurros de la revolución se convertían en un clamor, Gage se enfrentaba a desafíos cada vez mayores. Sus intentos de restringir a los patriotas, como la aplicación de las Leyes Intolerables y sus acciones previas a las Batallas de Lexington y Concord, revelan a un hombre que subestimó la resolución y las capacidades de una población que se acercaba a la guerra.

La postura de Gage sobre los rebeldes fue cada vez más rígida. Las correspondencias de Gage a Londres eran cada vez más críticas con las colonias americanas, desde informes de milicias coloniales indisciplinadas hasta las acciones caóticas de la mafia. Bajo presión, abogó por más tropas y medidas más estrictas, lo que solo avivó las llamas de la rebelión.

Entrenamiento en secreto: Milicias coloniales

En la cúspide del estallido revolucionario, las milicias eran de gran importancia para las estrategias defensivas y, a veces, ofensivas de las colonias. Mientras los soldados británicos se reunían en Boston, las milicias se reunían en las regiones rurales de Massachusetts y sus afueras. Las milicias estaban compuestas por hombres locales, desde agricultores hasta comerciantes, listos para defender sus derechos y sus hogares. Se entrenaban persistentemente, sus simulacros eran secretos para evitar acciones punitivas por parte de los británicos.

Fue dentro de este crisol de disturbios que el sistema de milicias comenzó a transformarse. Los líderes como Samuel Adams y John Hancock en Massachusetts, entre otros incendiarios coloniales, comenzaron a ver a estas fuerzas locales como defensores e instrumentos de insurrección potencial.

Las milicias participaban en asambleas y simulacros secretos. Estas no eran las reuniones regulares que caracterizaban el entrenamiento en tiempos de paz. Eran intensos y frecuentes. Durante el día, los miembros de la milicia eran comerciantes, agricultores y artesanos; por la noche, eran soldados en entrenamiento.

Libros, como *A Plan of Discipline, Composed for the Use of the Militia of the County of Norfolk,* escrito por William Windham y George Townshend en 1759, lograron viajar a través del Atlántico, proporcionando un marco para ejercicios militares. Inspiradas en tales manuales, las milicias fueron adiestradas con un nuevo sentido de urgencia, aprendiendo a maniobrar, disparar, recargar y responder a los comandos de manera eficiente. Los colonos tenían una estrategia que provenía de la experiencia personal. Habían luchado contra los nativos americanos a lo largo de los años y habían aprendido el valor de la emboscada y el uso de los bosques como espacio de defensa.

Entendiendo la necesidad de estar bien equipados para un conflicto inminente, las milicias comenzaron a almacenar armas y pólvora. Esta no era una tarea sencilla bajo la atenta mirada de los funcionarios británicos.

Cada comunidad tenía comités de seguridad, que desempeñaban un papel fundamental en la recolección y distribución de armas y municiones. Por ejemplo, en Salem y Marblehead, Massachusetts, se crearon escondites secretos de pólvora, que más tarde se convertirían en vitales para la causa. Todos estos preparativos sugieren que el ejército británico no se enfrentaría a una turba, sino a grupos organizados de colonos que tenían un plan.

Los días anteriores

Un encuentro que presagió en gran medida las batallas de Lexington y Concord fue la Alarma de Polvo de Lexington en septiembre de 1774. Las tropas británicas se movilizaron para apoderarse de la pólvora colonial, lo que provocó una alarma generalizada y la formación de unidades de milicias. Aunque este evento terminó sin derramamiento de sangre, sirvió como practica para las batallas futuras.[i]

La comunicación entre las colonias era esencial, y se estableció una red clandestina de espías y mensajeros para compartir información sobre los movimientos de tropas británicas y las fortalezas de la guarnición. El famoso "Paseo de medianoche" de Paul Revere fue solo una de las muchas operaciones críticas de transmisión de información promulgadas durante los meses previos a los enfrentamientos en abril de 1775.

En las semanas previas al 19 de abril de 1775, la tensión entre las tropas británicas en Boston y los colonos de Massachusetts era evidente. El general Gage era muy consciente del estado de inquietud. Tenía órdenes de desarmar a los rebeldes y arrestar a sus líderes.

Sin embargo, la milicia colonial, o Minutemen, eran sombras ominosas que se deslizaban por las ciudades y el campo, disponiendo mosquetes y municiones. Gage sabía de estas actividades, ya que había enviado espías por toda la región. En respuesta, planeó un ataque táctico para apoderarse de las armas coloniales almacenadas en Concord y capturar a líderes revolucionarios como John Hancock y Samuel Adams.

Por otro lado estaban los líderes coloniales. Previendo el conflicto, distribuyendo estratégicamente sus arsenales de armas y municiones en varios lugares rurales. La atmósfera era de resolución silenciosa; las

---

[i] Rust, R. (14 de abril de 2023). The Powder Alarm of Massachusetts in 1774. Obtenido de Americanhistorycentral.com: https://www.americanhistorycentral.com/entries/powder-alarm-1774-massachusetts/.

conversaciones eran en voz baja mientras se trazaban meticulosamente los planes para el esperado llamado a las armas.

Los líderes coloniales también establecieron intrincadas redes de mensajeros y señales para alertar al campo de cualquier avance británico. La noche anterior a las escaramuzas en Lexington y Concord, Gage envió setecientos soldados para destruir el depósito de armas de los coloniales. Paul Revere y William Dawes se embarcaron en su famoso viaje de medianoche para advertir a Adams y Hancock y despertar a los Minutemen.

La Cabalgata de Medianoche

"ESCUCHAD, hijos míos, y oiréis

El paseo de medianoche de Paul Revere,

El día 18 de abril del setenta y cinco;

Difícilmente un hombre esté vivo ahora

Que recuerde ese día y año famoso".

La gente está encantada con la cadencia de ese famoso poema de Henry Wadsworth Longfellow. Es emocionante leer y divertido imaginar ese viaje nocturno que advertía a la gente de la marcha británica. Longfellow contó una gran historia, pero usó una considerable licencia poética. Lo que sucedió esa noche fue muy diferente de lo que escribió.

El viaje no fue espontáneo; fue una alarma cuidadosamente coordinada. Paul Revere, junto con William Dawes y más tarde acompañado por el Dr. Samuel Prescott, corrió a contratiempo para advertir a las comunidades e instar a Hancock y Adams a esconderse. Revere fue capturado antes de llegar a Concord, y fue Prescott quien llevó con éxito la noticia a los hombres. Debido al famoso poema de Henry Wadsworth Longfellow, el papel de Revere está fijado en el espíritu estadounidense como el heraldo de la revolución.[i]

Batallas libradas

Justo antes del amanecer del 19 de abril de 1775, las milicias fueron llamadas a desafiar la marcha británica hacia Concord. Esos meses de preparativos secretos habían dado sus frutos. Cuando se acercaba el amanecer de ese fatídico día de abril, las fuerzas británicas al mando del teniente coronel Francis Smith y el mayor John Pitcairn llegaron a

---

[i] The Paul Revere House. (14 de febrero de 2024). The Real Story of Paul Revere's Ride. Obtenido de Paulreverehouse.org: https://www.paulreverehouse.org/the-real-story/.

Lexington. Se encontraron con un grupo de milicianos estadounidenses, liderados por el capitán John Parker. Hubo confusión, se oyó un disparo, el legendario "disparo oído en todo el mundo", y ocho colonos cayeron muertos. Los historiadores aún debaten quién disparó el primer tiro, pero su impacto fue, sin embargo, inconfundible.

La columna británica se trasladó a Concord, donde se vieron sorprendidos por la ausencia de las municiones que habían venido a destruir, que habían sido hábilmente escondidas por los cautelosos colonos. Mientras recorrían la ciudad, los refuerzos coloniales aumentaron, lo que llevó a una confrontación en el Puente Norte de Concord. Se produjo una batalla más organizada, y los británicos debieron retirarse.

La retirada dañó la columna británica. Los colonos utilizaron una estrategia que aprendieron hace mucho tiempo de los nativos americanos. Los Minutemen no se enfrentaron abiertamente a su adversario de capa roja; atacaban a los británicos en retirada disparando desde detrás de los árboles o la maleza y luego desaparecían rápidamente. A medida que los británicos se acercaban a Boston, sus filas se achicaban, debido al agotamiento y la baja moral.

Cuando la columna llegó a la seguridad de Boston, los británicos habían sufrido la caída de 19 oficiales y 250 heridos. Las bajas estadounidenses fueron menos de cien. Los estadounidenses consideraban esto una victoria estratégica que demostraba que podían enfrentarse a uno de los ejércitos más poderosos del mundo.[i]

Consecuencias de la pelea

Las batallas de Concord y Lexington no fueron eventos aislados, sino más bien el resultado de una compleja interacción entre movimientos sociopolíticos y sigilosos preparativos militares. Estas confrontaciones prepararon el escenario para una guerra que desafiaría el poder del Imperio británico y levantaría la bandera de la independencia para los nacientes Estados Unidos de América.

Lo que sucedió esa mañana de abril fue más que un mero enfrentamiento militar; simbólicamente, marcó el paso decisivo de la protesta pacífica a la resistencia armada en las colonias. Ralph Waldo

---

[i] BritishBattles.com. (14 de febrero de 2024). Battle of Lexington and Concord. Obtenido de Britishbattles.com: https://www.britishbattles.com/war-of-the-revolution-1775-to-1783/battle-of-lexington-and-concord/.

Emerson calificó más tarde el conflicto en North Bridge como "el disparo oído en todo el mundo", resumiendo la importancia global de la lucha de Estados Unidos por la independencia.

Las consecuencias de Lexington y Concord llegaron mucho más allá de las fronteras de Massachusetts. Las colonias se convirtieron rápidamente en un hervidero de actividad revolucionaria. El Primer Congreso Continental se había suspendido con el entendimiento de que se podría pedir otro en el futuro si las cosas no mejoraban. Dados los acontecimientos de Lexington y Concord, el Segundo Congreso Continental se reunió el 10 de mayo de 1775, en el Independence Hall de Filadelfia.

Un congreso revolucionario

Los delegados reunidos en este segundo Congreso Continental histórico representaron una muestra representativa de los líderes de la revolución. Estaba John Adams, quien presionó por la independencia desde el principio, y había figuras moderadas como John Dickinson que buscaban la reconciliación con la Corona. Estos hombres jugaron un papel importante en la definición de la causa estadounidense y en la trayectoria de la revolución.

El 14 de junio de 1775, el Segundo Congreso Continental votó a favor de crear un Ejército Continental con las unidades de milicia reunidas en las afueras de Boston. El Congreso redactó una declaración explicando las razones de las colonias para tomar las armas. La Declaración de las Causas y Necesidad de Tomar las Armas, emitida el 6 de julio de 1775, describió las quejas de las colonias hacia el gobierno británico y su compromiso con la defensa de sus derechos y libertades. Sin embargo, el Segundo Congreso Continental aún no estaba listo para declarar la separación total de la Corona británica. La Petición de la Rama de Olivo, un intento de asegurar la paz con la Corona, fue firmada por los delegados el 8 de julio.

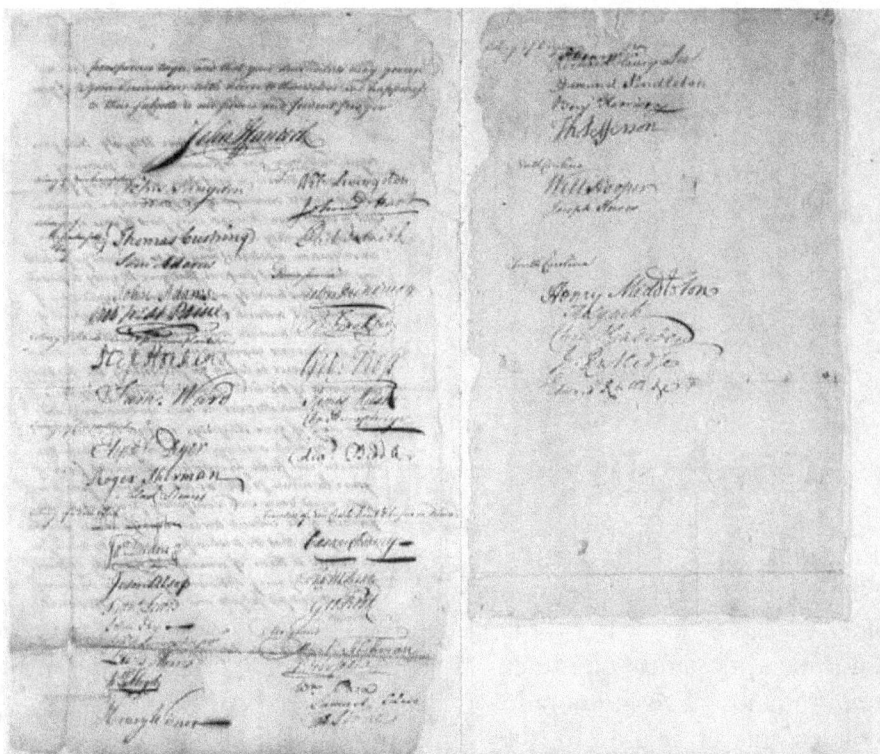

La Petición de la Rama de Olivo. Véase la firma de John Hancock en la parte superior de la página izquierda[6]

En resumen

Los años de debate y los intentos de encontrar algún tipo de acuerdo habían terminado. Los esfuerzos por persuadir a la Corona británica de que había alternativas para abordar las preocupaciones coloniales y que la representación colonial en el Parlamento era necesaria fracasaron. Las resoluciones del Segundo Congreso Continental demostraron que las palabras ya no eran suficientes.

El Parlamento británico es responsable de lo que sucedió en la primavera y el verano de 1775. Si sus miembros hubieran escuchado a Burke y otros simpatizantes coloniales, podría haber habido una manera de recaudar el dinero necesario sin medidas tan severas. Desafortunadamente, el Parlamento fue obstinado y fijo en su determinación de ser el único juez. Lo que llegó después fueron ocho años de guerra que enfrentaron al mayor ejército y armada de Europa contra trece colonias cuyas fuerzas armadas estaban compuestas principalmente por civiles.

Capítulo 5: Primeras victorias

En los albores de la guerra, George Washington era un líder agobiado por la enormidad de tareas que tenía entre manos. Fue nombrado comandante en jefe de lo que luego sería el Ejército Continental (el 15 de junio de 1775). Es un estudio fascinante sobre liderazgo. Poseía una presencia estoica e inquebrantable que inspiraba confianza y lealtad.

Washington se enfrentaba a un conjunto de desafíos. El Ejército Continental estaba en sus inicios y comprendía una colección dispar de milicias. Se

Retrato de George Washington[7]

necesitaba un entrenamiento y un equipo más organizado, y, sobre todo, experiencia en la lucha como una fuerza unificada. Tener éxito en las batallas era fundamental para establecer la legitimidad de la causa estadounidense y persuadir a los colonos indecisos para que apoyaran la rebelión.

Creación de una fuerza militar

El objetivo principal de Washington era transformar las fuerzas coloniales irregulares en un ejército disciplinado capaz de enfrentar al ejército británico profesional.

En las primeras etapas de la guerra, el Ejército Continental era una mezcla no organizada y no entrenada de voluntarios que carecían de disciplina y experiencia. Washington reconoció la necesidad de modificar esto para convertir a estos civiles en combatientes efectivos. El primer paso fue establecer un ejército regular distinto de las milicias estatales. Los continentales debían unificar el comando y agilizar la logística.[i]

Bajo la guía de Washington, se requirió uniformidad en la disciplina y la vestimenta. Cada día, las tropas participaban en simulacros militares que se centraban en dominar maniobras esenciales. Al profundizar en los conceptos de formación, movimiento y potencia de fuego, Washington inculcó un sentido de orden y control que era esencial en la batalla. Además, la implementación de un uniforme estándar y sus usos cultivaron un sentido de unidad y pertenencia entre los soldados, que inspiraba identidad y sentido de propósito.[ii]

La formación era primordial. Los soldados necesitaban aprender no solo cómo marchar en formación, sino también cómo cargar y disparar sus armas de manera eficiente, maniobrar en el campo de batalla y, lo más importante, resistir los rigores de la guerra. Los ejercicios de entrenamiento regulares y los simulacros de batallas simulaban las condiciones del mundo real, y perfeccionaban las habilidades de las tropas preparándolas para el combate real.

La moral fue tanto el combustible como el resultado de estos proyectos. Los ascensos se basaban en el mérito más que en el apellido, e inculcaban un sentido de meritocracia que podía inspirar ambición entre los reclutas y promover la lealtad a sus superiores.

Más allá de eso, Washington también reconoció la importancia de las habilidades fuera del combate. Los responsables de cocinar, limpiar y

[i] William P. Kladky, P. (15 de febrero de 2024). Continental Army. Obtenido de Mountvernon.org: https://www.mountvernon.org/library/digitalhistory/digital-encyclopedia/article/newburgh-conspiracy/.

[ii] Battlefields.org. (23 de enero de 2024). 10 Facts: The Continental Army. Obtenido de Battlefields.org: https://www.battlefields.org/learn/articles/10-facts-continental-army.

otras funciones de apoyo, eran parte integral del mantenimiento del ejército. Estos civiles, a menudo mujeres y niños, contribuyeron al espíritu comunitario y al funcionamiento práctico de los militares, y desempeñaban un papel silencioso pero influyente en el esfuerzo de guerra.

La transformación del Ejército Continental es una saga repleta de heroísmo y sacrificio, pero también ilustra la importancia vital del liderazgo cohesivo, la previsión estratégica y la preparación dedicada.

Los juicios de Thomas Gage

En el lado británico estaba el general Thomas Gage, atrapado en un enigma sin solución fácil. Se requería que el comandante británico enfrentara desafíos, tomara decisiones y dirigiera estrategias que determinarían la dirección del Imperio británico en América del Norte.

Gage no se enfrentaba a una pequeña banda de descontentos. Los colonos estadounidenses no eran insurgentes ordinarios; estaban animados, íntimamente familiarizados con el terreno y motivados por una causa justa, si no desesperada. Los desafíos que le plantearon a Gage fueron múltiples. ¿Cómo se puede sofocar este tipo de rebelión, especialmente cuando las líneas de lealtad son tan borrosas? Gage tuvo que luchar con nociones preconcebidas de obediencia colonial y superioridad británica que ahora parecían obsoletas frente a la determinación estadounidense. La fuerza militar que Gage tenía a su disposición era suficiente para guarnecer el territorio británico, pero apenas lo suficiente para hacer frente a una revuelta que se extendía por toda la costa atlántica. Su guarnición de Boston no era rival para la revolución que se estaba formando.

Los colonos se estaban armando, pero ¿dónde estaban sus depósitos y cuántos hombres tenían las colonias? Eran más que cuestiones militares; también eran cuestiones políticas que tenían graves consecuencias. No actuar sobre la inteligencia recopilada o, cometer un error podría conducir a una pérdida irrefutable de confianza y fidelidad. Por otro lado, subestimar la potencia de fuego de los colonos podría tener consecuencias igualmente graves para las propias fuerzas de Gage.

El general Gage también se enfrentó a una pesadilla logística. Las colonias estadounidenses cubrían grandes áreas. Mantener y sostener una campaña ordenada en las vastas extensiones de Estados Unidos era casi imposible. Los suministros, refuerzos y líneas de comunicación serían largos y débiles.

La dureza del invierno, las enfermedades y la feroz independencia de las colonias americanas iban a ser adversarios constantes. Las decisiones de Gage tenían que sopesar el valor estratégico frente a las limitaciones tangibles de espacio y medios.

El problema inmediato para el comandante británico era Boston y la aparición de una fuerza hostil en las afueras de la ciudad. Gage recibió 4500 refuerzos bajo el mando del mayor general William Howe en junio de 1775. Debería soportar un bloqueo o darse a la fuga.[i]

El sitio de Boston

Un objetivo inicial del Ejército Continental era recuperar Boston de los británicos. Tomar Boston serviría para asegurar la región de Nueva Inglaterra. Miles de milicianos coloniales acampaban en las afueras de la ciudad. Las colinas que rodeaban Boston proporcionaban una posición ventajosa desde la cual la artillería podía comandar la ciudad y el puerto.

Considerando esto, los líderes coloniales nombraron un comandante para supervisar el bloqueo de Boston. El general Artemas Ward era un respetado oficial de la milicia con experiencia en la guerra franco-india. Pronto fue puesto al mando. Uno de sus oficiales, el coronel William Prescott, llevó a algunos de los soldados a la península y construyó un reducto de tierra en Breed's Hill.

Las fortificaciones construidas en esa elevación preocupaban al general Gage porque reforzaban el bloqueo colonial de Boston. Decidió que una demostración de fuerza podría romper el sitio y mostrar la superioridad militar británica.

El 17 de junio de 1775, Gage ordenó un ataque. Aproximadamente 2300 regulares británicos bajo el mando de William Howe atacaron el reducto. Aunque la leyenda popular llama a este enfrentamiento la batalla de Bunker Hill, la mayoría de los combates reales tuvieron lugar en Breed's Hill.

El comienzo de la batalla estuvo marcado por la determinación de los colonos y la subestimación británica de su oponente. A medida que los británicos avanzaban, resonaba el famoso comando atribuido a un oficial colonial: "¡No dispares hasta que veas el blanco de sus ojos!". Esta directiva tenía como objetivo maximizar el impacto de las municiones disponibles para la milicia colonial. Requirió tres intentos, pero los

---

[i] Hickman, K. (13 de junio de 2019). American Revolution: General Thomas Gage. Obtenido de Thoughtco.com: https://www.thoughtco.com/general-thomas-gage-2360620.

británicos finalmente capturaron la colina.[i]

Fue una victoria pírrica. Los británicos sufrieron más de mil muertos o heridos al tomar Breed's Hill, incluidos muchos oficiales. Además, era un refuerzo de moral para los colonos. La batalla reveló la firme determinación de las fuerzas coloniales y demostró que las milicias estadounidenses no entrenadas podían enfrentarse a los británicos en la batalla. Las grandes pérdidas sufridas por el ejército británico también sirvieron como un aviso a Gran Bretaña de que la supresión de la rebelión tendría un costo significativo.

El general Gage estaba acabado. Regresó a casa en octubre y Howe fue puesto al mando de manera temporal. También hubo un cambio de mando en el lado colonial, cuando George Washington llegó para hacerse cargo de las operaciones de bloqueo.

Washington tenía como objetivo establecer una red de fortificaciones alrededor de Boston. Esto no solo serviría como un perímetro defensivo, sino también como un campo de entrenamiento para el Ejército Continental. Fortificar la ciudad era una oportunidad para educar a sus tropas en las artes de la guerra y al mismo tiempo contener a las fuerzas británicas en un punto muerto estratégico.

Washington se enfrentaba a un desafío importante. El Ejército Continental que rodeaba Boston tenía poca munición y artillería. Necesitaba ambas cosas para concluir el bloqueo con éxito. Obtuvo lo que necesitaba gracias a un grupo de milicianos de Vermont.

La toma de Fort Ticonderoga

Fort Ticonderoga estaba situado a orillas del lago Champlain, en el norte del estado de Nueva York, y servía como piedra angular en la vía fluvial que conectaba Canadá con el valle del río Hudson. Su nombre original era Fort Carillon y los franceses lo habían construido en 1755 como un baluarte contra las fuerzas británicas durante la guerra franco-india. En 1775, los británicos usaron el fuerte como depósito central de municiones. A medida que aumentaban las tensiones entre las colonias americanas y la Corona británica, Fort Ticonderoga se volvió de vital importancia debido a sus grandes almacenes de artillería. Capturar el fuerte le daría a Washington lo que necesitaba.

---

[i] American Battlefield Trust. (15 de febrero de 2024). Bunker Hill. Obtenido de Battlefields.org: https://www.battlefields.org/learn/revolutionary-war/battles/bunker-hill.

Solo cincuenta soldados custodiaban el fuerte. No necesitaba una gran fuerza, pero los atacantes tenían que estar familiarizados con el territorio y ser capaces de acercarse a la fortificación sin ser detectados. El asalto recayó en los Green Mountain Boys, que vivían en la zona.

Los Green Mountain Boys eran un grupo de soldados aficionados del actual estado de Vermont, entonces conocido como New Hampshire Grants (subvenciones de tierras otorgadas por New Hampshire). Liderados por el carismático Ethan Allen, los Green Mountain Boys luchaban por mantener el control de sus tierras contra los colonos de Nueva York. Cuando surgió la oportunidad de unirse a la Revolución estadounidense, sus motivaciones se alinearon con la causa colonial. Su expedición incluyó una figura controvertida de la Revolución estadounidense.

Benedict Arnold era, en ese momento, un oficial ambicioso. Arnold fue nombrado coronel por el Comité de Seguridad de Massachusetts y se le asignó la tarea de apoderarse de Fort Ticonderoga. Al enterarse de la misión similar de los Green Mountain Boys, Arnold unió fuerzas con Ethan Allen en lugar de discutir sobre quién estaría al mando. Aceptó su papel como principal subordinado de Allen.

En la madrugada del 10 de mayo de 1775, Benedict Arnold y los Green Mountain Boys se acercaron al fuerte con sigilo y decisión. Tomaron a la guarnición por sorpresa y capturaron el fuerte sin pérdida de vidas. La reserva de artillería y municiones del fuerte era enorme. Desde Fort Ticonderoga y Crown Point (que fue capturada más tarde), los estadounidenses se apoderaron de setenta y ocho cañones, seis morteros, tres obuses, aproximadamente dieciocho mil libras de balas de mosquete y treinta mil pedernales. Era mucho más de lo que Washington necesitaba.[i]

Transporte a Boston

Capturar el fuerte era solo el comienzo. El mayor desafío radicaba en el hecho de que Boston estaba a casi trescientas millas de Ticonderoga. La tarea de mover semejante artillería a través de un terreno complejo recayó en el coronel Henry Knox, el recién nombrado jefe de artillería del Ejército Continental.

---

[i] American Battlefield Trust. (15 de febrero de 2024). Fort Ticonderoga, 10 de mayo de 1775. Recuperado de American Battlefield Trust: https://www.battlefields.org/learn/maps/fort-ticonderoga-may-10-1775.

Henry Knox, un joven de veinticinco años sin entrenamiento militar formal, convenció al general George Washington de que podía transportar las sesenta toneladas de artillería a Boston. Washington, impresionado por la confianza y la comprensión del joven sobre el impacto de la artillería en la guerra, dio su bendición a Knox. Con eso, Knox emprendió su desalentador viaje. Llegó a Fort Ticonderoga el 5 de diciembre de 1775, y la marcha a Boston comenzó el 17 de diciembre. El viaje estuvo plagado de desafíos desde el principio. El invierno había llegado, y el convoy de Knox tenía que transitar no carreteras, sino también por cuerpos de agua que, a pesar del frío, aún no se habían congelado por completo. Atravesaron ríos helados, bosques nevados y las montañas de Berkshire con enormes trineos, bueyes y pura arena. La condición de los caminos era terrible. Knox y su equipo a menudo tenían que apuntalar puentes o desmantelar los cañones y llevarlos pieza por pieza. El gran peso de los cañones a menudo hacía que los trineos rompieran el hielo. Tuvieron que recuperar muchos cañones perdidos en las aguas heladas.

La ruta desde Ticonderoga serpenteaba hacia el sureste hasta las cabeceras del río Hudson, a través de Albany y a través de Massachusetts. El Knox Trail (camino de Knox), como más tarde se conoció, es un testimonio de la fortaleza física y mental de aquellos que, a pesar del duro invierno, avanzaron con implacable determinación.

Sorprendentemente, los ríos no sirvieron como barreras sino como ayuda para el transporte de mercancías. Cuando era posible, Knox utilizaba barcos y aprovechaba el hielo como plataforma.

Después de un arduo viaje que duró casi dos meses, la expedición de Knox llegó a Cambridge, Massachusetts, el 24 de enero de 1776, con los cañones intactos. La llegada de armamentos sofisticados, incluidos cañones, morteros y obuses, fue un impulso significativo para la moral y la estrategia estadounidenses. Washington ahora poseía la potencia de fuego para colocar cañones en Dorchester Heights. El tren de suministros de artillería incluía más de cincuenta piezas de artillería capturada.[i]

[i] massmoments.org. (15 de febrero de 2024). Henry Knox Brings Cannon to Boston. Obtenido de massmoments.org: https://www.massmoments.org/moment-details/henry-knox-brings-cannon-to-boston.html.

Fortificación de Dorchester Heights

Washington ahora tenía la artillería necesaria para poner fin al bloqueo de Boston. El comandante en jefe colonial decidió colocar los cañones en Dorchester Heights.

La fortificación de Dorchester Heights se destaca como un golpe maestro de George Washington y su ejército. Esta operación militar demostró el ingenio y la resolución del Ejército Continental y alteró significativamente el curso de la guerra. Situado en una ubicación militar estratégica debido a su altitud, Dorchester Heights ofrecía vistas impresionantes de la ciudad de Boston y su puerto. Cualquier fuerza que mantuviera este terreno amenazaría los movimientos de barcos y tropas. George Washington, que quería poner fin al bloqueo de una vez por todas, ideó un plan para fortificar esta ubicación.

Al amparo de la oscuridad, en la noche del 4 de marzo de 1776, una fuerza de 1200 hombres, incluidas tropas, trabajadores e incluso grupos de bueyes, comenzó silenciosamente la laboriosa tarea de construir fortificaciones. Armados con más de trescientos carros de fajinas, gaviones y fortificaciones prefabricadas, trabajaron toda la noche bajo la dirección del coronel Rufus Putnam, que había demostrado ser un ingeniero de considerable talento.

Las fuerzas estadounidenses lograron transportar y ensamblar artillería y construir una posición formidable en lo que antes había sido una colina desierta. También se colocaron grandes cañones, recientemente transportados por tierra desde Fort Ticonderoga, listos para desatar su poder en las áreas controladas por los británicos.

Los hombres trabajaban con una urgencia dictada por su desesperación. Sus esfuerzos durante el frío mortal, romper el suelo congelado y construir barreras destinadas a cambiar el impulso de la guerra, eran un testimonio de su dedicación y el riesgo calculado de Washington.

Sus movimientos eran tan sigilosos que los centinelas británicos en Boston ignoraban las actividades que ocurrían a algunos metros de distancia. A la luz del amanecer, para sorpresa de las fuerzas británicas, Dorchester Heights se llenó de fortificaciones. En la mañana del 5 de marzo, el general británico William Howe se despertó con un espectáculo sorprendente y desalentador. Dorchester Heights, que había estado despejado el día anterior, ahora presentaba una imponente instalación militar. Según se informa, dijo: "Los rebeldes han hecho más en una noche de lo que todo mi ejército habría hecho en un mes". Rápidamente se dio cuenta de la precariedad de su situación. La artillería estadounidense recién instalada tenía el alcance para infligir graves daños a sus barcos en el puerto.[i]

Incapaz de desalojar a los estadounidenses de su nuevo bastión y no dispuesto a someter a sus fuerzas y a la población lealista en Boston a bombardeos, el general Howe no tuvo más remedio que evacuar el lugar. La colocación estratégica de las fuerzas de Washington en Dorchester Heights condujo directamente a la salida británica el 17 de marzo, un día que aún se recuerda en Boston como el *Día de la Evacuación*. Ese día, la gente de Boston presenció la retirada de las tropas británicas, poniendo fin simbólicamente a la ocupación que había comenzado casi ocho años antes con las Leyes Townshend.

El exitoso bloqueo acabó efectivamente con la autoridad británica en Massachusetts y sentó las bases para la Declaración de Independencia. Sin embargo, la partida de las tropas británicas no trajo paz ni estabilidad inmediatas a Boston. A pesar de la victoria, la ciudad quedó en un estado de fragilidad económica. El bloqueo había afectado gravemente al comercio, una piedra angular de la economía de Boston.

Además, una considerable población lealista, integrada en la sociedad y la economía locales, había huido, dejando atrás sus hogares y tiendas hacia un futuro incierto. El comercio tardó años en recuperarse. Políticamente, la partida del gobernador real y su administración permitió que un nuevo gobierno dirigido por patriotas tomara el control. El Congreso Provincial de Massachusetts asumió una mayor autoridad, dirigió el esfuerzo de guerra a nivel local y participó en la gobernanza continental.

Boston enfrentaría desafíos, pero los británicos se habían ido para no volver. Boston era ahora el símbolo y el centro de la causa patriota. Se inflaba el pecho con espíritu de independencia. Washington y el Ejército Continental habían conseguido una victoria que parecía imposible. Esto marcó la primera gran victoria militar para los colonos.

En resumen

En retrospectiva, el año 1775 estableció la piedra angular de la tradición militar estadounidense. La paciencia estratégica de Washington

---

[i] Boston National Historical Park. (15 de febrero de 2024). Dorchester Heights. Obtenido de Nps.org: https://www.nps.gov/places/dorchester-heights.htm.

y su disposición a emplear tácticas no convencionales sentaron las bases para futuros éxitos contra los británicos. El Ejército Continental surgió a partir de 1775 imbuido de un sentido de identidad y propósito nacional que trascendía la división colonial. El año 1775 fue solo el comienzo.

Sin embargo, el éxito del primer año no ahuyentó las nubes oscuras que se estaban formando en el horizonte. El Ejército Continental había salido victorioso contra una fuerza utilizada para el servicio de guarnición. Otros regimientos británicos eran mejores y estaban mejor preparados. Washington y sus oficiales podrían haber celebrado con los demás ese día, pero el general y su estado mayor conocían la realidad. El poder del Imperio británico aún no había usado todos sus recursos en las Trece Colonias. El Parlamento y la Corona británica no se rendirían tan fácil. Aprovecharían los considerables recursos militares que Gran Bretaña tenía y volverían con más fuerza. Una terrible realidad pronto navegaría hacia el oeste desde la madre patria.

Capítulo 6: Declaración e invasiones

Un sutil impulso hacia la independencia provino del gobierno británico. La Petición de la Rama de Olivo, un esfuerzo final para convencer a la Corona británica de negociar, fue firmemente rechazada por el Parlamento en agosto de 1775. El rey Jorge III se negó a leerla. Las Trece Colonias declararon que estaban en rebelión a través de la Proclamación de Rebelión el 23 de agosto de 1775.

Era sentido común.

Durante el período colonial, muchos líderes mantuvieron una visión filosófica fuertemente influenciada por la Ilustración. Las ideas de la razón, los derechos naturales y la soberanía de los pueblos dieron peso al concepto de independencia. Los intelectuales coloniales se inspiraron en las obras de *El contrato social* de Jean-Jacques Rousseau y en la creencia de John Locke sobre el derecho a la vida, la libertad y la propiedad. Estos pensadores y sus escritos alentaron a los líderes a imaginar un gobierno que reflejara la voluntad de los gobernados, que era una desviación radical de la monarquía tradicional. Incluso los ciudadanos comunes comenzaban a desear una nación independiente.

Antes de 1776, el concepto de independencia total era considerado radical por muchos colonos, que todavía se aferraban a la esperanza de la reconciliación con la Corona británica. Thomas Paine, filósofo, activista político y revolucionario nacido en Inglaterra, reconoció el potencial de la palabra escrita para unificar a los colonos y cómo podría cambiar su perspectiva hacia la independencia absoluta.

Retrato de Thomas Paine[8]

Common Sense (sentido común), publicado anónimamente en enero de 1776, fue un golpe maestro oportuno y estratégico escrito por Paine que cristalizó la necesidad de libertad y la separación inmediata de Gran Bretaña. Era directo y fácil de entender. El folleto de Paine discutía contra las monarquías y la sucesión hereditaria y decía una verdad simple pero poderosa a la gente común, que resonó en las Trece Colonias.[i]

Comenzando con reflexiones generales sobre el gobierno y la religión, Paine procedió a discutir la constitución inglesa, los desafíos del gobierno monárquico y las maquinaciones de la monarquía británica hacia las colonias. Sin embargo, el punto principal de su argumento

---

[i] Kiger, P.J. (11 de julio de 2023). How Thomas Paine's "Common Sense" Helped Inspire the American Revolution. Obtenido de History.com: https://www.history.com/news/thomas-paine-common-sense-revolution.

radicaba en la noción de que la independencia era factible e imperativa para el crecimiento, la prosperidad y la protección de los derechos de las colonias. Paine facilitó un discurso público sólido que cambió la mentalidad de los colonos hacia una identidad y un propósito compartidos al exponer verdades simples.[i]

Una petición

La petición de independencia no era un documento apresurado. Si bien los primeros rumores de independencia circularon después de las Batallas de Lexington y Concord, no fue hasta el 7 de junio de 1776 que Richard Henry Lee de Virginia presentó una resolución formal de que "estas Colonias Unidas son, y deben ser, Estados libres e independientes".[ii]

A Thomas Jefferson, que fue delegado de Virginia en el Segundo Congreso Continental, se le encomendó el trascendental deber de redactar la declaración. Su dominio del idioma y su posición como ardiente defensor de los derechos coloniales lo convirtieron en una opción natural para escribir este documento.

No sería una tarea fácil. Jefferson se enfrentó al desafío de capturar la esencia de la Revolución estadounidense y los matices de la teoría política que se estaban desarrollando durante ese período. Jefferson escribió y revisó pacientemente el texto, destilando la voluntad compartida de todos los estadounidenses en palabras que aún resuenan en la actualidad. El borrador final todavía se considera una obra maestra.[iii]

La Declaración de Independencia establece claramente que "todos los hombres son creados iguales", no solo unos pocos privilegiados, y todos ellos están "dotados por su Creador de ciertos derechos inalienables", afirmando audazmente que el propósito del gobierno es proteger estos derechos y que las personas tienen el derecho de alterar o abolir dicho gobierno en caso de que se vuelva destructivo. El peso

[i] Paine, T. (17 de febrero de 2024). Thomas Paine, Common Sense, 1776. Obtenido de Billofrightsinstitute.org: https://billofrightsinstitute.org/activities/thomas-paine-common-sense-1776.

[ii] Resolución Lee (8 de febrero de 2022). Lee Resolution. Obtenido de los Archivos Nacionales: https://www.archives.gov/milestone-documents/lee-resolution.

[iii] Carta de Derechos (Declaración de Derechos) (17 de febrero de 2024). Thomas Jefferson and the Declaration of Independence. Obtenido de Billofrightsinstitute.org: https://billofrightsinstitute.org/essays/thomas-jefferson-and-the-declaration-of-independence.

ideológico de la Declaración de Independencia fue crucial para transmutar la guerra por los derechos coloniales en una declaración global de derechos humanos. Su impacto se sentiría en todo el mundo, e inspiraría futuros movimientos de independencia.

El debate posterior

El borrador de la Declaración de Independencia fue examinado y revisado con ojo crítico por el Segundo Congreso Continental. Hubo debates sobre la inclusión del concepto de derechos inalienables, que era una idea novedosa en ese momento. La frase de Declaración de Independencia sobre "la vida, la libertad y la búsqueda de la felicidad" tuvo que defender su lugar en el discurso democrático.

Las discusiones no eran meramente semánticas; eran debates serios sobre el exceso de poder del poder ejecutivo sobre los poderes legislativo y judicial. También hubo un debate significativo sobre la legalidad del comercio de esclavos.

Es esencial reflexionar sobre estos debates porque revelan el enfoque cauteloso del Congreso y las diversas corrientes filosóficas que sustentaron la Revolución estadounidense. En última instancia, prevaleció el argumento a favor de la independencia, calificando al rey Jorge como un tirano y afirmando la soberanía colonial. Sin embargo, la aprobación de la Declaración de Independencia requirió tiempo y esfuerzo. Debido a la diplomacia de John Adams, Benjamin Franklin y el espíritu de aquellos que se atrevieron a imaginar una nueva república, se superaron los obstáculos de la indecisión y la lucha interna, un paso a la vez.

Después de una revisión final y un voto a favor de la independencia, la Declaración fue adoptada formalmente el 4 de julio de 1776, pero no sin controversias. Algunos delegados dudaron y otros retuvieron sus firmas. Existía la creencia persistente de que la ruptura con Gran Bretaña podía repararse. El acto final de la firma de la Declaración de Independencia el 2 de agosto de 1776 no fue meramente ceremonial; simbolizó un cruce del Rubicón hacia la inquietante pero innegablemente estimulante frontera de la nación.[i]

---

[i] National Geographic. (17 de febrero de 2024). Signing of the Declaration of Independence. Obtenido de Education.nationalgeographic.org:
https://education.nationalgeographic.org/resource/signing-declaration-independence/.

Los delegados eran conscientes de los riesgos. Los británicos habían demostrado en el pasado, especialmente durante el levantamiento jacobita de 1745, cómo tratarían con los rebeldes y sus familias. Los delegados firmaron.

La Declaración de Independencia es un documento que ha estimulado los movimientos de derechos civiles, ha guiado a los ideólogos globales y ha establecido la base para las aspiraciones nacionales. Sus palabras han resonado en diversos lugares, y actuaron como un faro para los oprimidos y un desafío al statu quo.

Sin embargo, la historia de su creación es una historia de enfrentamientos ideológicos y la evolución del pensamiento político. La Declaración de Independencia es más que un pedazo de papel; es el pensamiento colectivo de una nación que está naciendo, y su legado continúa guiándonos.

Reflexiones estagiritas

Una triste ironía de la Declaración de Independencia es que habla de libertad, pero hubo delegados del Segundo Congreso Continental que eran esclavistas. Parece haber un conflicto entre las creencias que abogan por la libertad pero consideran aceptable la esclavitud.

Sabemos que los Padres Fundadores fueron influenciados por los escritos de Locke y Rousseau sobre la libertad. Sin embargo, hubo otro filósofo, considerado uno de los más grandes, cuyas opiniones fueron tenidas en alta estima. Su nombre era Aristóteles.

Las enseñanzas de Aristóteles sentaron las bases de muchas disciplinas y tuvieron un impacto significativo en la comprensión de la polis o la ciudad-estado y su gobierno. Aristóteles defiende la idea de la esclavitud en su obra *Política*.[i]

Para Aristóteles, la esclavitud (*doulos* en griego) era una institución natural. Creía que algunos individuos eran "esclavos por naturaleza", y atribuía este estatus a aquellos que carecían de la capacidad de razonar y gobernarse a sí mismos. En su opinión, la polis era la forma más alta de comunidad, y la gobernanza reflejaba la dinámica familiar. El dominio de un amo sobre su esclavo imita el dominio de un gobernante sobre sus súbditos. Para Aristóteles, una polis justa implicaría una relación justa entre los amos y los que eran esclavos. Además, creía que la esclavitud

---

[i] UKEssays. (17 de febrero de 2024). Aristotle's Views on Slavery. Obtenido de UKessays.com: https://www.ukessays.com/essays/politics/slavery.php.

era una condición natural y que había quienes nacían como esclavos naturales, comparándolos con "herramientas vivientes" o animales domésticos. No era el único con este pensamiento. Platón pensaba que aquellos que eran mejores tenían derecho a gobernar sobre los inferiores.

La influencia de Aristóteles en la Revolución estadounidense puede no haber sido dominante, pero sus escritos forman parte del canon occidental. A pesar de que personas como Thomas Jefferson, que proclamó que "todos los hombres son creados iguales", fueron influenciados por el pensamiento de la Ilustración, también fueron productos de un entorno impregnado de la tradición aristotélica.[i]

Ataque al norte

La invasión de Canadá no ocurrió de forma aislada, y no fue un evento espontáneo. Era parte de una estrategia que extendería la guerra revolucionaria Estadounidense más allá de las fronteras de las Trece Colonias. La Provincia de Quebec era un bastión británico, y el Ejército Continental creía que al apoderarse de Canadá, podían salvaguardar el flanco norte de las colonias y persuadir a sus vecinos del norte para que se unieran a la lucha contra los británicos. El éxito requeriría que los británicos extendieran sus fuerzas armadas y limitaran la acción militar contra las Trece Colonias.

La ofensiva comenzó en septiembre de 1775. El mayor general Richard Montgomery lanzó la campaña desde Fort Ticonderoga con aproximadamente 1700 hombres (la fuerza estadounidense eventualmente crecería a más de 10.000 soldados). Mientras tanto, Benedict Arnold lideró 1100 tropas continentales desde Massachusetts a través del estado de Maine. Montgomery marchó hacia Montreal, y Arnold se dirigió hacia la ciudad de Quebec. El plan general era ambicioso: entrar en Quebec, convencer a los canadienses de que apoyaran la revolución y neutralizar la influencia británica en la región.

Primeras victorias

En noviembre, Montgomery llegó con éxito al fuerte St. Jean, ubicado a las afueras de Montreal. Este logro convenció a Sir Guy Carleton, el gobernador real, de retirarse a Quebec, lo que llevó a la evacuación de Montreal. Los estadounidenses tomaron el control de

---

[i] BBC. (17 de febrero de 2024). Philosophers Justifying Slavery. Obtenido de Ethics guide: https://www.bbc.co.uk/ethics/slavery/ethics/philosophers_1.shtml.

Montreal el 28 de noviembre. Mientras tanto, Benedict Arnold se había abierto camino a través de los bosques de Maine y había llegado a las afueras de Quebec. En diciembre, Montgomery se unió a Arnold, quien luego pasó su mando al oficial superior.

Los estadounidenses asaltaron las fortificaciones de Quebec el 31 de diciembre durante una tormenta de nieve, pero finalmente fueron detenidos. El general Montgomery murió en el ataque. Benedict Arnold intentó continuar el asedio, pero en la primavera llegaron refuerzos británicos al mando del general John Burgoyne. Los estadounidenses finalmente abandonaron Montreal el 9 de mayo de 1776 y regresaron a Nueva York. El sueño de una decimocuarta colonia con Canadá uniéndose a la lucha por la independencia del dominio británico se desvaneció. El Ejército Continental reenfocó sus esfuerzos en las batallas al sur.[i]

La muerte del general Montgomery en el ataque a Quebec, 31 de diciembre de 1775, por John Trumbull[ii]

Si bien la invasión no tuvo éxito en sus objetivos finales, jugó un papel importante en la teatralidad más amplia de la guerra revolucionaria de

[i]Sprague, D. (24 de enero de 2023). American Revolution and Canada. Obtenido de Thecanadianencyclopedia.ca: https://www.thecanadianencyclopedia.ca/en/article/american-revolution.

los Estados Unidos. Destacó los desafíos tácticos y logísticos de las operaciones en tiempos de guerra y ejemplificó la imprevisibilidad de las alianzas y las relaciones coloniales.

Para los estadounidenses, destacó las limitaciones de su poderío militar y la necesidad de una diplomacia estratégica. Para los canadienses, fomentó un sentido de unidad y reforzó su lealtad a la Corona británica, un sentimiento que daría forma a la identidad nacional de Canadá en los años venideros.

Llegada de los británicos

El Ejército Continental regresó del fiasco canadiense pero tuvo poco tiempo para lamer sus heridas. Un evento de proporciones devastadoras estaba a punto de ocurrir en la ciudad de Nueva York. Los británicos regresaron y llegaron con toda su fuerza. La invasión británica de Nueva York en 1776 se erige como un momento crucial en la guerra revolucionaria de los Estados Unidos, marcando una escalada en el conflicto y una prueba crucial para el Ejército Continental bajo el mando del general George Washington.

La invasión británica de Nueva York nació por necesidad estratégica. Como los puertos de Nueva York ofrecían ventajas navales estratégicas y la ciudad servía como nexo de comercio y comunicación, el comando británico reconoció el inmenso valor de controlarlo. El control sobre Nueva York cortaría la línea de comunicación entre las colonias del norte y del sur, lo que perjudicaría la unidad y la eficacia de la resistencia colonial.

Era un ejercicio de conmoción y pavor propio del siglo XVIII. El 29 de junio de 1776, los testigos informaron haber visto cientos de barcos británicos abarrotando el horizonte, una cruda premonición de la vasta fuerza militar que buscaba aplastar la creciente rebelión. La flota en sí consistía en cientos de barcos, entre ellos buques de guerra que superaban con creces cualquier poder de fuego naval de las fuerzas continentales. Eran entre treinta mil y cuarenta y cinco mil soldados, incluidos los mercenarios de Hesse contratados por los estados alemanes.

El alto mando era un asunto familiar. Sir William Howe regresó como comandante del ejército, sin duda ansioso por compensar su vergüenza en Boston. La impresionante armada británica estaba capitaneada por su hermano, el almirante Richard Howe, que no solo era un experimentado comandante naval, sino también un comisionado de paz designado por la Corona. Tenía un doble mandato tanto para reprimir la rebelión como para negociar con sus líderes.

Tomaría algún tiempo para que la fuerza masiva se reuniera, pero los británicos no estaban preocupados por el ataque de una flota estadounidense. La flota del almirante Howe llegó a Staten Island el 12 de julio y comenzó a descargar tropas y suministros. Otra flota británica apareció el 12 de agosto, y una tercera llegó el 15 de agosto. Los británicos finalmente reunieron treinta y dos mil soldados y diez mil marineros en Staten Island. Este fue el mayor asalto anfibio en la historia europea hasta ese momento.[i]

Defensa estadounidense

Esto no sorprendió al general George Washington. Ya había anticipado este movimiento, y había comenzado a fortificar las defensas alrededor de la ciudad de Nueva York, particularmente en Brooklyn Heights, que ofrecía una posición de mando sobre el East River. La estrategia de Washington dependía de la defensa de puntos estratégicos como Fort Washington en la isla de Manhattan y Fort Lee al otro lado del río en Nueva Jersey. Sin embargo, los recursos defensivos de Washington se estiraron considerablemente, y sus fuerzas carecían de la experiencia de sus contrapartes británicas.

También había dudas persistentes sobre la lealtad de los habitantes de la ciudad, muchos de los cuales estaban divididos en sus sentimientos hacia la causa patriota. Washington se enfrentó a la posibilidad de que un grupo suministrara inteligencia a los hermanos Howe.

La batalla de Long Island

Howe no perdió tiempo en preparar a sus tropas para la batalla contra el Ejército Continental. Los dos ejércitos se enfrentaron el 22 de agosto de 1776, en lo que se conoce como la batalla de Long Island o la batalla de Brooklyn. El ejército británico tenía una ventaja significativa en hombres y poder naval. Contaban con aproximadamente veinte mil soldados bien entrenados y equipados apoyados por una poderosa flota. Por el contrario, las fuerzas estadounidenses comprendían aproximadamente diez mil soldados del Ejército Continental y milicias locales con diferentes niveles de experiencia. Las tropas de Washington

---

[i] Revolutionary-war-and-beyond.com. (24 de febrero de 2024). Admiral Howe's Fleet Arrives at Staten Island. Obtenido de Revolutionary-war-and-beyond.com: https://www.revolutionary-war-and-beyond.com/admiral-howes-fleet-arrives-staten-island.html.

estaban dispersas en posiciones defensivas en Brooklyn y Manhattan.

Los británicos ejecutaron un ataque bien planificado, eludiendo las fortificaciones estadounidenses al marchar a través del Paso de Jamaica para atacar al Ejército Continental por la retaguardia. Se produjeron feroces combates, particularmente alrededor de Gowanus Road y Guan Heights. A pesar de la valiente resistencia, las fuerzas estadounidenses eran totalmente superadas. A medida que aumentaban las bajas, la situación se agravó.

La batalla culminó con una victoria británica decisiva. Si bien el número exacto de víctimas sigue siendo objeto de debate, las estimaciones sugieren que los estadounidenses sufrieron pérdidas significativas, cientos de muertos y miles capturados. Los británicos, aunque victoriosos, sufrieron bajas menores.

Sin embargo, el Ejército Continental no fue destruido por completo. Frente a las abrumadoras probabilidades, el liderazgo del general Washington persistió. Al amparo de la oscuridad y con la ayuda de una niebla afortunada, ordenó una retirada estratégica. La evacuación a través del East River a Manhattan se ejecutó con tal discreción y eficiencia que preservó el núcleo del Ejército Continental. Viviría para luchar otro día.[i]

La lucha por Manhattan

Después de la evacuación del Ejército Continental de Long Island, el general Washington sabía que Manhattan sería el próximo objetivo de las fuerzas británicas. El Ejército Continental fortificó las posiciones en la isla, pero Washington estaba preocupado por la defensa de la ciudad debido a sus vulnerabilidades geográficas.

Todavía había alguna esperanza de una resolución pacífica. En particular, durante este período, se celebró una conferencia de paz el 11 de septiembre de 1776, con la Conferencia de Paz de Staten Island. Sin embargo, estos intentos fracasaron, ya que los delegados estadounidenses, incluidos Benjamin Franklin y John Adams, rechazaron la demanda británica de lealtad incondicional a la Corona.

Con las negociaciones de paz en un punto muerto, el combate se volvió inevitable. Los siguientes conflictos tuvieron lugar en las semanas siguientes:

---

[i] Mark, H. W. (25 de enero de 2024). Battle of Long Island. Obtenido de Worldhistory.com: https://www.worldhistory.org/article/2359/battle-of-long-island/.

- **Desembarco en Kip's Bay** (15 de septiembre): Una fuerza británica comandada por el general William Howe desembarca sin oposición, forzando la retirada estadounidense.

- **El Encuentro de Harlem Heights** (16 de septiembre): El Ejército Continental se enfrentó a las fuerzas británicas en una escaramuza que, aunque de menor escala, elevó la moral de las fuerzas estadounidenses.

- **La batalla de White Plains** (28 de octubre): En este enfrentamiento las tropas de Washington mantuvieron sus líneas contra una fuerza superior hasta que se retiraron.

La situación militar cambió drásticamente el 18 de octubre cuando cuatro mil soldados británicos desembarcaron en Pelham para flanquear al Ejército Continental. Washington decidió evacuar Manhattan, pero fue persuadido por el general Nathanael Greene para mantener una guarnición en Fort Washington, ubicado en el extremo norte de Manhattan. Esas tropas restantes evitarían que los británicos siguieran a Washington mientras el Ejército Continental escapaba. Washington estuvo de acuerdo y dejó al coronel Robert Magaw con tres mil hombres.

La defensa de Fort Washington

Fort Washington era un lugar crucial debido a su posición. Tenía una vista imponente del río Hudson, lo que le permitía controlar la vía fluvial junto a su fortaleza gemela, Fort Lee, situada al otro lado del río en Nueva Jersey. El Ejército Continental luchó valientemente para defender el Fuerte Washington, pero tuvo un resultado trágico. El fuerte estaba rodeado por una fuerza británica mayor equipada con artillería. Como resultado, el fuerte cayó el 16 de noviembre de 1776, con la captura de casi tres mil soldados estadounidenses. Sin embargo, las fuerzas coloniales demostraron que no se rendirían fácilmente, y desafiaron las expectativas británicas de un final rápido a la rebelión.

Los británicos ahora tenían el control completo de la ciudad de Nueva York y permanecerían allí hasta el final de la guerra. El general William Howe ganó técnicamente la campaña para tomar la ciudad, pero cometió algunos errores tácticos. En Staten Island, Howe perdió una oportunidad crítica para destruir al ejército de Washington antes de que pudiera solidificar su posición en Manhattan. La vacilación de Howe permitió a Washington evacuar a sus tropas y reagruparse, una decisión que algunos historiadores afirman prolongó la guerra.

Una vez en Manhattan, Howe volvió a demostrar su naturaleza cautelosa al no perseguir agresivamente a las fuerzas estadounidenses en retirada después de su derrota en Fort Washington. Su incapacidad para capitalizar sus victorias le dio a Washington la oportunidad de retirarse y luchar en otra ocasión. Howe venció al Ejército Continental, pero no lo destruyó por completo.[i]

Condiciones meteorológicas de invierno

Sin duda, los británicos en la ciudad de Nueva York deben haberse reído de la Declaración de Independencia. Su ejército había sido el ganador en el campo de batalla. El Ejército Continental desordenado, y los soldados corrían por sus vidas en Nueva York y Nueva Jersey. La capitulación final de los rebeldes ocurriría en un par de semanas.

Mientras tanto, el clima nevado se acercaba, y los soldados y oficiales británicos se instalaban en sus cuarteles de invierno y esperaban unas merecidas vacaciones. Habría fiestas, bailes, cenas y otras ocasiones festivas. Había muchas cosas para despejar la mente.

Washington y su andrajosa banda de rufianes estaban a punto de sorprender a los desprevenidos británicos.

---

[i] Mark, H. W. (2024, 1 de febrero). New York and New Jersey Campaign. Obtenido de Worldhistory.com: https://www.worldhistory.org/article/2364/new-york-and-new-jersey-campaign/.

Capítulo 7: Los milagros de Trenton y Saratoga

El mayor general Charles Cornwallis (primer marqués Cornwallis) fue enviado a perseguir al ejército continental después de que los estadounidenses abandonaran la ciudad de Nueva York. Cornwallis marchó con una columna de diez mil soldados a través del campo invernal, prometiendo atrapar a Washington. Gracias a la obstinada resistencia de Fort Washington, el Ejército Continental tenía una ventaja. George Washington pudo mantenerse un paso adelante.

Lo hizo con un ejército cuyas filas estaban agotadas por la enfermedad y la deserción. Washington sabía que una batalla campal con los perseguidores británicos sería un suicidio. El comandante estadounidense adoptó una estrategia fabiana: seguiría evadiendo a los británicos hasta que el tiempo y las circunstancias le permitieran luchar en mejores condiciones. Esto significaba que continuaría retirándose hasta que llegara el momento adecuado para luchar. Algunos criticaron su decisión, pero esto permitió a Washington preservar fuerzas y posicionarlas de manera oportunista en futuros enfrentamientos.

Pasaron unas semanas, y entonces surgió una oportunidad. Washington tenía el río Delaware entre él y los británicos.

Cornwallis detuvo su persecución y colocó a sus hombres en los cuarteles de invierno. Era una costumbre militar practicada por los ejércitos europeos, y los británicos no lucharían a menos que fuera necesario. Washington sabía que podía lanzar un ataque sorpresa, y fue tras los hessianos acampados en Trenton, Nueva Jersey.[i]

Mercenarios hessianos

Los hessianos eran soldados alemanes contratados por los británicos como mercenarios. Esta práctica proporcionaba a varios estados alemanes los fondos y la actividad militar que tanto necesitaban para sus soldados excedentes. Los hessianos se reclutaban predominantemente del estado de Hesse-Kassel, pero incluían individuos de otros principados alemanes. El reclutamiento no siempre era voluntario. Muchos de estos soldados eran llevados contra su voluntad. El viaje a través del Atlántico no era solo un viaje hacia la guerra, sino también una amarga separación de su tierra natal.

Eran soldados duros y disciplinados con una reputación feroz. Atacarlos acarreaba ciertos riesgos, y debían ser tomados por sorpresa. Washington tenía eso en mente al prepararse para cruzar el río Delaware en las primeras horas del 26 de diciembre de 1776.

El cruce

El plan maestro de Washington se gestó durante semanas, una mezcla de recopilación de inteligencia, gestión de tropas y la esperanza de que el clima invernal pudiera mantener su estrategia oculta a los confiados británicos.

Los estadounidenses aseguraron todas las embarcaciones disponibles en el río Delaware. Estos incluían barcos de carga de Durham, que tenían calados poco profundos y tenían de cuarenta a sesenta pies de largo. Los barcos de Durham llevarían a los soldados, mientras que las embarcaciones de fondo plano llevarían la artillería y los caballos. Los habitantes de Nueva Inglaterra de Marblehead, Massachusetts, proporcionaron la mano de obra para mover los barcos a través del Delaware. La travesía comenzó la noche del 25 de diciembre[47].

Washington condujo a sus soldados cansados en un traicionero cruce. Las inclemencias del tiempo jugaron a favor de Washington. La nieve y el frío mantuvieron a la guarnición de Hesse en Trenton completamente paralizada.

---

[i]Mark, H. W. (2024, 1 de febrero). New York and New Jersey Campaign. Obtenido de Worldhistory.com: https://www.worldhistory.org/article/2364/new-york-and-new-jersey-campaign/.

El cruce era una maravilla táctica. El dónde, el cuándo y el cómo se ejecutaron perfectamente. Luego del cruce, el Ejército Continental debía marchar diez millas hasta Trenton. Llegaron a Trenton a las 8:00 a. m. y avanzaron en dos columnas. Afortunadamente, los hessianos habían estado divirtiéndose la noche anterior. Ninguno de ellos esperaba ser atacado.

Los hessianos nunca lo vieron venir. En noventa minutos, Washington y sus hombres habían atrapado Trenton. Varios cientos de hessianos escaparon, pero casi mil de los mercenarios fueron capturados. Cuatro estadounidenses murieron en lo que fue una victoria total.[i]

Liderazgo inspirado

La victoria fue el resultado de una combinación de disciplina y profesionalismo. El movimiento de Washington no fue solo estratégico, sino también táctico. Su cuidadosa planificación incluyó asegurar la disciplina de sus fuerzas después de la batalla. Habría sido fácil para él perder el autocontrol, pero Washington sabía que mostrar moderación y orden potenciaría el respeto por el nuevo ejército estadounidense y su causa. Fue un tremendo impulso moral, y Washington lo necesitaba desesperadamente.

Después de la batalla de Trenton, Washington se dirigió a las tropas cuyos alistamientos expirarían el 31 de diciembre. Washington les rogó que se quedaran al menos un mes más. Su solicitud dio como resultado que doscientos hombres se ofrecieran como voluntarios para volver a alistarse en ese momento.

Princeton

Washington no había terminado con los británicos ese invierno. Tomó la decisión estratégica de seguir adelante, con el objetivo de atacar y derrotar a una guarnición británica en la cercana Princeton, desconcertando aún más a las fuerzas británicas y solidificando las ganancias patrióticas. Mediante el uso de tácticas audaces y engañosas y el cronometraje preciso de sus movimientos, Washington tomó por sorpresa a una brigada de regulares británicos.

En la mañana del 3 de enero de 1777, el ejército de Washington, que ahora contaba con más de cinco mil reclutas y nuevos voluntarios, se

---

[i] History.com. (21 de febrero de 2024). George Washington Crosses the Delaware. Obtenido de History.com: https://www.history.com/this-day-in-history/washington-crosses-the-delaware.

enfrentó a aproximadamente ocho mil regulares británicos. Cuando los ejércitos se encontraron, una densa niebla se asentó sobre el campo de batalla, proporcionando cobertura a los hombres de Washington durante la batalla con los británicos. El enfrentamiento fue feroz, y ambas partes lucharon tenazmente. Bajo el mando de los generales Hugh Mercer y John Cadwalader, los estadounidenses lograron mitigar los asaltos de los regulares británicos y los mercenarios de Hesse.

El punto de inflexión se produjo cuando Washington lideró un ataque contra las fuerzas británicas por la retaguardia, un movimiento inteligente. Los británicos, creyendo que tenían la ventaja, fueron tomados por sorpresa. Se encontraron en una retirada cuando las tropas de Washington ganaron el campo.

La victoria estadounidense en Princeton fue un éxito estratégico que superó con creces los objetivos originales del Ejército Continental. El Ejército Continental había logrado superar a los británicos, considerado el mejor ejército del mundo. Las bajas fueron relativamente leves, pero el impacto fue inconmensurable.[i]

Consecuencias de las victorias

Las batallas de Trenton y Princeton enviaron ondas de choque a través de los comandos británicos y de Hesse. Se vieron obligados a reevaluar las fuerzas estadounidenses, reconociendo que no eran simplemente rebeldes, sino un adversario astuto y decidido. Estas ondas se extendieron a través de la gran estrategia británica, y afectó sus tácticas y el exceso de confianza que los había caracterizado en las primeras etapas de la guerra. La decisión británica de refugiarse en Nueva York después de sus derrotas en lugar de buscar más conflictos demostró el impacto resonante que estas batallas tuvieron en la dinámica general de la revolución.

La moral dentro del Ejército Continental estaba aumentando. La noticia de la victoria resonó en todas las Colonias, atrayendo voluntarios adicionales al Ejército Continental.

El efecto dominó de estas dos victorias se sintió en los corazones y las mentes del pueblo estadounidense, y forjaron la determinación de llevar la guerra hasta su objetivo final. Trenton y Princeton no fueron solo victorias militares; fue una validación de la causa estadounidense y un

[i] Rosenfield, R. (21 de febrero de 2024). Princeton. Obtenido de Battlefields.org: https://www.battlefields.org/learn/articles/princeton.

punto de inflexión en el conflicto.

Trenton y Princeton encarnaban el espíritu de la Revolución estadounidense: la tenacidad para luchar por las propias creencias, para innovar frente a las abrumadoras probabilidades y para aprovechar las oportunidades. Las lecciones de flexibilidad, audacia y visión estratégica que surgieron de estos dos acontecimientos sirven de inspiración para generaciones de líderes y tácticos militares estadounidenses.

Había más por venir en el nuevo año. El año 1777 fue el escenario de la batalla más decisiva de la Revolución estadounidense.

La estrategia de Gentleman Johnny

John Burgoyne era un aristócrata atrapado en los bosques de América. Estaba más familiarizado con los corredores del poder en Londres que con las tierras salvajes del continente norteamericano. Famoso por su ingenio y encanto, Burgoyne era una figura frecuente en los círculos sociales de Inglaterra. En su casa, componía obras de teatro mientras planeaba campañas.

En 1777, Burgoyne fue puesto al mando de un plan que, de tener éxito, dividiría a la nueva nación estadounidense.

Retrato de John Burgoyne[10]

La campaña de Saratoga

Fue una idea innovadora. La estrategia de Burgoyne era dividir las colonias rebeldes y aislar geográficamente a Nueva Inglaterra. Su campaña fue audaz: avanzó hacia el sur desde Canadá, vinculó fuerzas con tropas británicas en la ciudad de Nueva York y dividió las colonias a la mitad.

El plan, en teoría, era muy bueno. Burgoyne propuso un "movimiento de pinza triple", esperaba el apoyo de las fuerzas británicas que se movían hacia el norte y subían por el río Hudson desde la ciudad de Nueva York. Su objetivo inmediato era capturar Albany, una ciudad colonial clave, y asegurar una parte del norte del estado de Nueva York, que era conocida por su división y posible apoyo lealista.

La campaña tenía varios objetivos clave:

- Asegurar la lealtad de las tribus nativas americanas.
- Asegurar las líneas de suministro a América del Norte controlada por los británicos.
- Aprovechar a los lealistas canadienses para formar una fuerza de combate sustancial.

El Valle del Hudson era una ruta atractiva. El control del río Hudson representaba una arteria vital para el transporte de armas y suministros, así como un medio para dividir y administrar eficazmente las colonias, que era un objetivo deseado por los planificadores militares británicos.

Para Burgoyne, el Hudson representaba la tierra prometida, repleta del botín de guerra y la gloria de la conquista. Sin embargo, Gentleman Johnny, como se le conocía, olvidó algunos puntos importantes. No tuvo en cuenta las dificultades del terreno y la determinación de las fuerzas coloniales que lo defendían.

Un elaborado movimiento de pinza

La campaña de Saratoga tuvo tres movimientos provenientes de puntos de partida separados. El general Burgoyne comandaba la pinza del norte y era la fuerza de asalto central. Burgoyne comandó una fuerza de aproximadamente ocho mil soldados, algunos recién transportados desde Inglaterra, otros llamados de las fuerzas ya posicionadas en América del Norte. El ejército de Burgoyne comenzó en el sur en junio de 1777. Su primer objetivo era Fort Ticonderoga.

La pinza occidental estaba bajo el mando del teniente coronel Matthew "Barry" St. Leger. Sus 1600 soldados eran una mezcla de regulares británicos, hessianos, nativos americanos, canadienses y lealistas. St. Leger atravesaría el valle de Mohawk desde el lago Ontario y actuaría como distracción antes de unirse a Burgoyne en Albany. Una fuerza del sur al mando del general William Howe avanzaría desde la ciudad de Nueva York para encontrarse con Burgoyne en Albany. Todo se veía muy bien en la teoría, pero las cosas poco a poco se desmoronaron.[i]

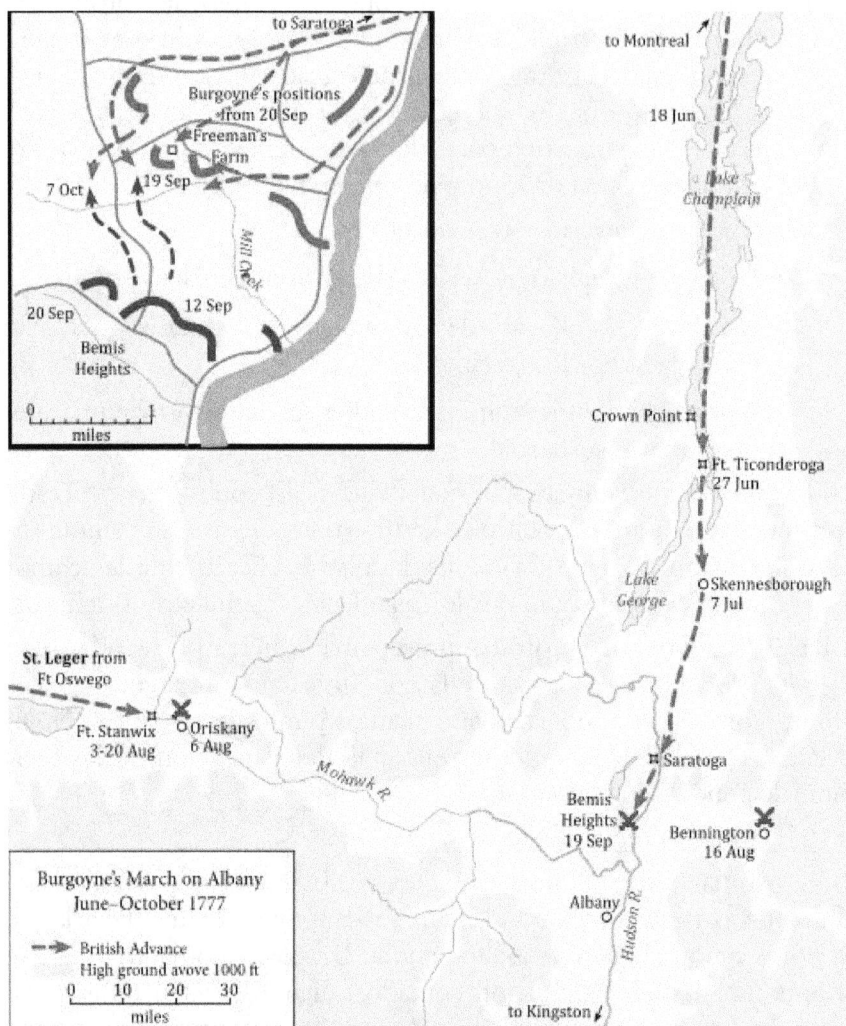

La marcha de Burgoyne en Albany[11]

[i] Bill, R. (4 de agosto de 2021). The Northern Campaign of 1777. Obtenido de Nps.gov: https://www.nps.gov/fost/blogs/the-northern-campaign-of-1777.htm.

Problemas de logística

En agosto, Burgoyne capturó rápidamente Fort Ticonderoga, y sus tropas se movieron hacia el sur. St. Leger sitió el Fuerte Stanwix. Todo parecía prometedor. Ese es el momento en que las cosas empezaron a salir mal.

Burgoyne esperaba contar con una población mucho mayor de lealistas en el camino de Ticonderoga a Albany, un error que condujo a una inteligencia insuficiente sobre las disposiciones y el apoyo del enemigo. Esperaba una ola de apoyo de los lealistas locales que nunca se materializó, careciendo de los conocimientos y la ayuda necesaria. El progreso de Burgoyne requirió extensas líneas de suministro en terrenos accidentados, y la logística no recibió la misma atención que los grandes golpes estratégicos de su campaña.

En el siglo XVIII, el valle del Hudson era un paisaje accidentado e inhóspito lleno de bosques, pantanos y montañas traicioneras. La falta de infraestructura y la naturaleza intimidante del terreno magnificaban los desafíos de la campaña. El sistema logístico británico estaba diseñado para guerras europeas, donde el suministro era un problema menor. Sin embargo, en el desierto estadounidense, luchaban por mantener el ritmo, lo que derivó en una escasez de alimentos y municiones. Los carros y los animales de tiro, vitales para la movilidad y el soporte vital, se perdían a un ritmo preocupante debido a las duras condiciones y los ataques enemigos.

Las líneas de suministro de Burgoyne desde Canadá eran precarias, y su ejército se vio obligado a depender en gran medida de la búsqueda de alimento y la requisa de provisiones locales. Este enfoque alienó a la población local y mermó las fuerzas del ejército. A medida que las fuerzas de Burgoyne se alejaban de su base, se volvían cada vez más aisladas y vulnerables. El peor desafío al que se enfrentó el extravagante comandante británico fue un oponente que se negó a retroceder ante el poderío militar británico.

Resistencia estadounidense

Los estadounidenses no siguieron un plan europeo. Aprendieron de los nativos americanos sobre cómo usar la tierra en su beneficio. A medida que los británicos se movían hacia el sur, los estadounidenses pusieron en práctica una estrategia de desgaste. Destruyeron cultivos, quemaron puentes y hostigaron los flancos británicos. Esta presión constante interrumpió la cadena de suministro y sembró descontento entre los soldados británicos que ya soportaban condiciones agotadoras.

Bandas merodeadoras dirigidas por estadistas y soldados como Seth Warner y John Stark encapsularon el espíritu de desafío. Utilizando su conocimiento del terreno local, aprovecharon las tácticas de golpe y fuga, mantuvieron a los británicos en alerta y crearon una sensación de inseguridad dentro de sus filas.

Hubo casos en los que los estadounidenses se paraban a luchar. La batalla de Hubbardton enfrentó a las tropas continentales contra las fuerzas británicas. Los estadounidenses fueron tácticamente superados en maniobras, pero lograron una retirada exitosa. Los británicos sufrieron un retraso en el avance e importantes bajas.

Comandantes estadounidenses

El Ejército Continental fue dirigido por comandantes altamente competentes que guiaron a sus tropas con habilidad e ingenio durante esta campaña.

El general Philip Schuyler fue el comandante original encargado de fortificar el río Hudson contra los británicos. Fue un líder respetado tanto en el campo de batalla como en la arena política. El carácter de Schuyler estuvo marcado por su compromiso inquebrantable con la causa de la independencia estadounidense. Su liderazgo se caracterizó por un profundo sentido del deber y una dedicación inquebrantable a salvaguardar los principios de la revolución. Horatio Gates lo reemplazó.

Retrato de Horatio Gates[12]

Fue veterano del ejército británico antes de unirse al Ejército Continental, y su estilo de mando estuvo marcado por una planificación y precaución meticulosas. Su carácter era exactamente lo contrario de Benedict Arnold, su mercurial subordinado. La función principal de Benedict Arnold era reunir las fuerzas para detener el avance de Burgoyne. Aunque en última instancia fue controvertida, las tácticas poco ortodoxas y la audacia de Arnold demostraron el valor de pensar jugadas militares diferentes a las convencionales.

La capacidad de los comandantes estadounidenses para ser adaptables y creativos en su enfoque contribuyó significativamente a los esfuerzos realizados para frustrar a los británicos.

El fin de St. Leger

La primera señal de que la campaña de Saratoga sería un fracaso para los británicos llegó en Fort Stanwix. St. Leger comenzó el asedio el 2 de agosto, pero contrariamente a las expectativas, la guarnición se negó a rendirse y se resistió obstinadamente. St. Leger recibió información falsa de que Benedict Arnold venía con tres mil hombres para ayudar en el fuerte (Arnold solo tenía setecientos hombres). St. Leger creyó el informe y, el 22 de agosto, abandonó el asedio de Fort Stanwix. Eso permitió a los estadounidenses concentrarse más en destruir el avance de Burgoyne.

El avance hacia el desastre

La columna de Burgoyne continuó atravesando los obstáculos naturales y los ataques enemigos. Los británicos sufrieron una derrota en la batalla de Bennington el 16 de agosto, pero seguían avanzando hacia el sur, hacia Albany. El general Gates se trasladó al norte el 7 de septiembre para oponerse a los británicos y creó fortificaciones en Bemis Heights.

La decisión del general Howe

William Howe era una figura intrigante. Había momentos en que su destreza táctica lograba grandes éxitos, como la batalla de Long Island, pero hubo otros momentos en que su comportamiento cauteloso creaba serios problemas. Una decisión que tomó durante la campaña de Saratoga condenaría efectivamente a John Burgoyne. Howe decidió lanzar un gran asalto contra Filadelfia. Informó a Burgoyne de esta decisión el 17 de julio en un despacho secreto. La decisión de Howe aisló a Burgoyne, pero este último siguió adelante con la esperanza de llegar a Albany. Ese avance se detuvo a cincuenta millas de la futura capital de Nueva York.[i]

Saratoga, el acto final

El ejército de Burgoyne estaba desmoralizado, pero seguía siendo una fuerza de combate profesional. Había perdido a la mayoría de sus aliados nativos americanos y casi no tenía inteligencia de campo con la que trabajar. Los estadounidenses estaban bloqueando la carretera, y Burgoyne no tuvo más remedio que enfrentarse a su enemigo y esperar lo mejor.

Las batallas de Saratoga representan un capítulo conmovedor en la historia de los Estados Unidos. La región de Saratoga de Nueva York era un campo de batalla formidable. La zona densamente boscosa, con algunos claros dispersos y cursos de agua retorcidos, presentaba desafíos y oportunidades para ambas partes. El control del terreno y de las tierras altas, en particular, resultaría vital para el resultado del conflicto.

El primer encuentro fue en Freeman's Farm el 19 de septiembre. A medida que los británicos intentaban flanquear las posiciones estadounidenses, se produjo un enfrentamiento. Los dos ejércitos se enfrentaron con ferocidad, usando descargas y bayonetas. Técnicamente fue una victoria británica, pero los estadounidenses pudieron detener el avance británico. La próxima batalla sería decisiva.[ii]

Bemis Heights

El terreno en Bemis Heights era muy accidentado, un desafío que las fuerzas estadounidenses bajo el mando del general Horatio Gates y su subordinado, el general Benedict Arnold, usarían para su beneficio. Lo que sucedió en Bemis Heights fue una lección de guerra estratégica. Los estadounidenses usaron el paisaje y las tácticas innovadoras para asegurar una victoria crítica.

Los británicos, liderados por el resuelto pero cada vez más asediado Burgoyne, intentaron romper las líneas estadounidenses con un ataque directo por las laderas de Bemis Heights. El corazón de la defensa

---

[i] Howe, W. (1 de febrero de 2024). William Howe Goes His Own Way. Obtenido de Clements.umoich.edu: https://clements.umich.edu/exhibit/spy-letters-of-the-american-revolution/stories-of-spies/howe-goes-his-own-way/.

[ii] Maloy, M. (21 de febrero de 2024). The Battle of Freeman's Farm: September 19, 1777. Obtenido de Battlefields.org: https://www.battlefields.org/learn/articles/battle-freemans-farm-september-19-1777.

estadounidense era un reducto conocido como Balcarres Redoubt, un punto fuerte estratégico que llevaría la peor parte de los ataques británicos. Cuando los casacas rojas cargaron contra la posición fuertemente fortificada, se encontraron con una potencia de fuego que casi rompió su determinación. Las maniobras tácticas en ambos lados, incluidas las tretas y los envolvimientos, dieron ventaja a los estadounidenses. El general Simon Fraser, el mejor oficial de campo de Burgoyne, fue asesinado por francotiradores estadounidenses. A lo largo de la batalla, el general Benedict Arnold surgió como catalizador para la causa estadounidense. Su brillante liderazgo y coraje personal inspiraron a sus tropas a hazañas superlativas.

El resultado de la batalla de Bemis Heights fue la retirada estratégica de las fuerzas del general Burgoyne a Saratoga, donde terminaron rodeados. Burgoyne sabía que la pelea había terminado. El general Burgoyne se rindió el 17 de octubre, después de varios días de negociaciones. Su ejército de más de seis mil hombres y cuarenta y dos piezas de artillería fueron puestos bajo custodia estadounidense. La campaña terminó efectivamente con la carrera militar de Burgoyne y acabó también con su reputación.

La rendición en Saratoga fue un golpe devastador para la moral británica y un punto de inflexión en la guerra. Esto convenció a Francia de entrar formalmente en el conflicto del lado de los estadounidenses, una decisión que tendría profundas implicaciones para el resultado de la guerra. Estados Unidos estaba a punto de ganar algunos aliados valiosos.

Capítulo 8: Aliados y adversarios

La historia de Francia y la Revolución estadounidense está llena de maniobras políticas, alianzas estratégicas y la esperanza de un nuevo orden mundial. El viaje que Francia emprendió para apoyar a los incipientes Estados Unidos estuvo plagado de riesgos y tuvo algunos beneficios para ambos países. Pasó de ser una asistencia encubierta inicial a una completa asociación.

Francia observó el creciente conflicto con una mezcla de interés y cautela. Las causas de la rebelión estadounidense se hicieron eco de los crecientes llamamientos a la reforma y la revolución en Francia. Sin embargo, la participación francesa fue mínima al comienzo. Consistió principalmente de ayuda encubierta en forma de municiones y fondos proporcionados por ciudadanos privados, sobre todo del marqués de Lafayette y el investigador polimático Pierre Beaumarchais.

Hermanos de los rebeldes

El marqués de Lafayette es una figura central en la relación temprana entre Francia y los Estados Unidos. Impulsado por sus propias ambiciones de gloria militar y una creencia genuina en la causa estadounidense, el cabildeo privado de Lafayette a los líderes franceses se convirtió en un instrumento para asegurar el apoyo francés.

Beaumarchais, un hábil agente político que contaba con la dramaturgia y la invención entre sus muchos talentos, orquestó acuerdos clandestinos de armas que canalizaron el apoyo francés a los revolucionarios estadounidenses. Su plan más significativo, llevado a cabo bajo el Comte de Vergennes, implicó la creación de una compañía ficticia, Roderigue Hortalez and Company, que proporcionó a las colonias los recursos cruciales que necesitaban para mantener su esfuerzo de guerra. Sin embargo, a pesar de estos esfuerzos individuales, el gobierno francés mantuvo una postura oficial de neutralidad; temía provocar a su eterno adversario, Gran Bretaña.

El marqués de Lafayette con el uniforme de un general estadounidense[18]

Los esfuerzos de Ben Franklin

La victoria en Saratoga transformó la vacilación francesa en un rotundo sí. La delegación estadounidense, encabezada por Benjamin Franklin, logró asegurar el Tratado de Alianza con Francia en 1778. Como diplomático experimentado, las negociaciones de Franklin fueron fundamentales para asegurar el apoyo francés. Su hábil navegación por la política francesa, como aprovechar las propias motivaciones del país para debilitar al Imperio británico, demostró el cuidadoso arte de la delicadeza diplomática. El Tratado de Alianza prometió apoyo militar y respaldo financiero y diplomático que resultaría vital para la causa estadounidense.

Marcando algunos puntos

La intervención francesa en la Revolución estadounidense no se basó completamente en el idealismo o los sentimientos amables hacia los estadounidenses. Francia tenía una agenda oculta.

Pocas rivalidades han sido tan melancólicas y duraderas como la disputa franco-británica. Desde la guerra de los Cien Años hasta las posteriores guerras napoleónicas, estas dos poderosas naciones parecían destinadas a chocar una y otra vez. Incluso hoy en día, los ecos de su rivalidad resuenan a través de las relaciones internacionales.

El siglo XVIII provocó la expansión colonial y el surgimiento del imperio británico global, proyectando una larga sombra sobre las ambiciones imperiales de Francia. Mientras Francia buscaba reafirmar su dominio y recuperar sus pérdidas, miraba de reojo lo que sucedía en todo el canal de la Mancha.

La Revolución estadounidense marcó un momento crucial en la disputa franco-británica. Para Francia, el conflicto no se trataba solo de apoyar la causa estadounidense por la independencia; también era una oportunidad para socavar el Imperio británico. Sin darse cuenta, las colonias estadounidenses se convirtieron en un campo de batalla para dos de las fuerzas militares más formidables de la época. Francia no quería debilitar a Gran Bretaña, pero sí quería restablecer el equilibrio de poder en Europa y asegurar sus propios intereses.

La entrada de Francia en la Revolución estadounidense no estuvo exenta de costos. Las tensiones económicas internas de Francia por décadas de exceso real se vieron exacerbadas por el apoyo financiero a la Revolución estadounidense, lo que contribuyó a la crisis económica que finalmente llevó al derrocamiento del rey Luis XVI y la caída del antiguo régimen. También creó una alianza entre Francia y los Estados Unidos que continúa hasta nuestros días.[i]

Participación española

Si bien la contribución de Francia a la lucha de los Estados Unidos por la independencia está bien documentada, es igualmente importante reconocer el apoyo de otros aliados. El papel de España tiende a perder peso frente a la gran alianza francesa. Sin embargo, la asistencia de España a Estados Unidos fue fundamental, aunque indirecta.

---

[i] McGee, S. (25 de agosto de 2023). *5 Ways the French Helped Win the American Revolution.* Obtenido de History.com: https://www.history.com/news/american-revolution-french-role-help.

España era una gran potencia colonial con vastos territorios en las Américas, incluidos el Caribe, Luisiana y Florida, y poseía intereses estratégicos en América del Norte. A nivel internacional, España se estaba recuperando de problemas económicos y tenía la intención de recuperar su equilibrio como un formidable imperio global.

España mantuvo inicialmente una postura de neutralidad en el conflicto entre las colonias americanas y Gran Bretaña, pero a medida que avanzaba la guerra, vio una oportunidad para debilitar a su antiguo adversario. Bajo el liderazgo del rey Carlos III, España apoyó secreta pero sistemáticamente a las fuerzas estadounidenses, enviando armas, municiones y ayuda financiera. Además, los diplomáticos españoles, como Diego de Gardoqui, fueron fundamentales para forjar una alianza que garantizara la asistencia española a los revolucionarios. Este golpe diplomático fortaleció la determinación del Segundo Congreso Continental y maniobró a España hacia una posición más influyente en el escenario mundial.

Bajo el mando del almirante Luis de Córdova y Córdova, la flota española desempeñó un papel fundamental en los enfrentamientos navales críticos que apoyaban la causa estadounidense. Las tropas españolas, lideradas por Bernardo de Gálvez, emprendieron exitosas campañas militares contra los británicos, asegurando importantes victorias en la costa del Golfo y el valle del Mississippi. Los esfuerzos de Gálvez fueron notables, ya que sus fuerzas ayudaron a evitar los avances británicos y facilitaron la coordinación entre las tropas españolas, francesas y estadounidenses.

Las negociaciones de la posguerra dieron el fruto del apoyo calculado de España a las colonias americanas durante la guerra. El Tratado de París, firmado en 1783, aseguró ganancias territoriales para España, incluido el control sobre Florida y el río Misisipi, lo que abrió nuevas oportunidades para la expansión española en América del Norte. Este fue un momento decisivo para España, que marcó tanto un triunfo diplomático como una expansión de su alcance imperial.[i]

---

[i]Museum of the American Revolution. (18 de febrero de 2024). Spain and the American Revolution. Obtenido de Amrevmuseum.org: https://www.amrevmuseum.org/spain-and-the-american-revolution.

La presencia holandesa

Hay un héroe anónimo en la historia del apoyo revolucionario estadounidense: los Países Bajos, o la República Holandesa como se la conocía en el siglo XVIII. Esta nación marítima desempeñó un papel poco conocido pero crucial en la guerra de Independencia de los Estados Unidos.

En la década de 1770, la República Holandesa era un titán que estaba perdiendo peso en la política de poder europea. Su armada había sido una vez la envidia del mundo, y su comercio, especialmente con sus vastas compañías de las Indias Orientales y las Indias Occidentales, había enriquecido enormemente a sus comerciantes. Sin embargo, en el momento de la Revolución estadounidense, la República Holandesa estaba navegando por aguas diplomáticas traicioneras. Era una nación relativamente pequeña y estratégicamente ubicada, rodeada de poderes más grandes y agresivos.

Los holandeses tenían lazos históricos con Estados Unidos desde los días de la colonia de Nueva Ámsterdam (la actual Nueva York). Cuando las colonias americanas se rebelaron contra el dominio británico, los holandeses se encontraron en una posición difícil. Su economía se beneficiaba del comercio con los británicos, y temían provocar un conflicto para el cual sus militares no estaban preparados. Sin embargo, hubo una gran cantidad de simpatizantes holandeses que empatizaron con la lucha de Estados Unidos al reflejar su propia lucha por la independencia de España en el siglo XVI.

La República Holandesa sobresalía en la financiación de guerras, algo que había hecho durante siglos con el uso estratégico de bonos y préstamos. Cuando las colonias americanas buscaron apoyo financiero para su esfuerzo de guerra, recurrieron a los holandeses y encontraron varios prestamistas dispuestos. Los financieros holandeses vieron una inversión potencialmente rentable en las colonias.[i]

Aunque oficialmente eran neutrales, los comerciantes holandeses demostraron ser críticos en el contrabando de mercancías a los revolucionarios estadounidenses. La ciudad portuaria de Ámsterdam, en particular, se convirtió en un punto de acceso para una variedad de productos de contrabando, como armas y tabaco. Los funcionarios

---

[i] Jstor.org. (18 de febrero de 2024). Foreign Intervention ... in the American Revolution. Obtenido de Jstor.org: https://daily.jstor.org/intervention-american-revolution/.

holandeses a menudo eran cómplices, al igual que los de otras naciones europeas que tenían un interés personal en el éxito de los rebeldes estadounidenses. El apoyo silencioso de la República Holandesa a la búsqueda de la libertad de Estados Unidos ilustra cómo las acciones más pequeñas pueden causan un gran impacto.

Arrogancia internacional británica

La diplomacia británica durante el siglo XVIII fue una delicada red de alianzas y traiciones. El meollo del asunto radicaba en la insatisfacción latente entre la élite francesa, española y holandesa contra el Imperio británico y sus ambiciones de volver a trazar las fronteras coloniales. Junto a su poderosa armada y un floreciente alcance imperial, Gran Bretaña solía poner mano firme en el escenario mundial.

Los historiadores especulan por qué la diplomacia de Gran Bretaña se convirtió en una mezcla de arrogancia y soberbia. Algunos sugieren que las acciones británicas fueron el resultado del exceso de confianza y la creencia en su invencibilidad. Este punto de vista sugiere que el hecho de no comprometerse diplomáticamente con posibles aliados y subestimar la resolución de la disidencia colonial nació de la arrogancia. Otros académicos argumentan que la postura agresiva de Gran Bretaña era un riesgo calculado, parte de una estrategia más amplia para sofocar a los rivales potenciales y consolidar el poder dentro de las posesiones coloniales. Cualesquiera que sean las razones, Gran Bretaña sembró un gran resentimiento internacional que finalmente se vio obligada a enfrentar.

Los aliados estadounidenses requerían que Gran Bretaña librara una guerra que no quería enfrentar. La alianza francesa, forjada en el crisol del desprecio mutuo por la dominación británica, dio como resultado un apoyo militar crucial para las fuerzas estadounidenses. Con la entrada de España en el conflicto, el teatro de guerra se expandió al Mediterráneo y al Meno español (las partes del Imperio español en las Américas). El apoyo financiero de la República Holandesa y su enfoque matizado para sostener la causa estadounidense significaron que Gran Bretaña se enfrentaba no solo a un gigante militar sino también a un adversario financiero formidable. Las cosas empeoraron progresivamente.

Los nativos americanos

En los estudios sobre la Revolución estadounidense, algo que a menudo escapa a la atención es la participación de varias tribus nativas americanas. Sus lealtades y acciones influyeron enormemente en la trayectoria de este conflicto histórico.

La lealtad indígena era algo complejo. Los Oneida y Tuscarora se pusieron del lado de los Estados Unidos, mientras que los Mohawk, Séneca, Cayuga y Onondaga se pusieron del lado de los británicos. Del mismo modo, la Nación Muscogee y los Cherokee se pusieron del lado de los británicos, con el objetivo de frenar la expansión estadounidense en sus tierras.

Las promesas británicas de honrar los reclamos de tierras nativas y preservar su forma de vida no eran solo retórica. Las proclamaciones y los tratados buscaban asegurar la lealtad de los nativos americanos con garantías percibidas, aunque estas promesas a menudo no se cumplían. La línea entre el apoyo genuino y la manipulación estratégica por parte de los británicos era delgada, y los nativos americanos llevaban la peor parte de una revolución que no era de su autoría.

La Confederación india, una unión de varias naciones nativas americanas, resultó ser un complemento maleable pero formidable a los esfuerzos militares británicos. Concebida por el superintendente británico de Asuntos Indígenas, Sir Guy Johnson, y el líder mohawk, Joseph Brant, la coalición fue un movimiento diplomático astuto que eludió el floreciente movimiento por la soberanía nativa al aprovechar las tensiones intertribales.

La alianza presentaba una oportunidad para ambas partes. Los británicos, en general, vieron en la confederación una fuerza disruptiva para la expansión estadounidense y un aliado militar confiable. Para los nativos americanos, era un amortiguador contra la invasión de sus tierras y una oportunidad para reclamar territorios y derechos.[i]

Daños a la nación iroquesa

La Revolución estadounidense trajo consecuencias negativas para los iroqueses. Thayendanegea, también conocido como Joseph Brant, quiso aprovechar la fuerza británica para ayudar a los iroqueses, lo que llevó a muchos de su pueblo a luchar para la Corona. Su hermana, Molly Brant, trabajó en canales paralelos, asegurando la ayuda Mohawk para la causa británica.

---

[i] Makos, I. (13 de abril de 2021). Roles of Native Americans during the American Revolution. Obtenido de Battlefields.org: https://www.battlefields.org/learn/articles/roles-native-americans-during-revolution.

Como estadista, guerrero y visionario, Brant era una figura formidable. Lideró devastadoras incursiones contra los asentamientos estadounidenses, y sus tácticas de guerrilla le valieron el apodo de "Monster Brant" en el folclore estadounidense. Brant no estaba exento de sus detractores dentro de la comunidad mohawk, y su decisión de ponerse del lado de los británicos dejó un legado persistente de resentimiento. Era un hombre ambicioso, decidido a asegurar el futuro de los Mohawks en un mundo en constante cambio.

La decisión de ponerse del lado de los estadounidenses fue estratégica e ideológica para los Oneida y los Tuscarora. Dirigidas por Han Yerry, conocido como el líder del Cherry Valley, estas dos tribus se mantuvieron firmes en su apoyo.

La división resultante dentro de la Confederación iroquesa fue más que una grieta; fue una fractura que dejaría cicatrices duraderas, ya que la guerra civil acabó enfrentando a padres y hermanos.

La masacre de Cherry Valley

La masacre de Cherry Valley es un testimonio inolvidable de la confluencia de agendas que convergieron para alimentar la era revolucionaria. Tuvo lugar el 11 de noviembre de 1778 en un pequeño asentamiento en Nueva York. La embestida orquestada por las fuerzas lealistas e indígenas envió ondas de choque a todas las colonias.

El ataque fue un esfuerzo estratégico para interrumpir la expansión estadounidense y poner en duda el atractivo de la independencia. La brutalidad del asalto, una tormenta de llamas y balas que consumió la vida de patriotas y civiles por igual, sirvió como eje de la estrategia británica que vio en los nativos americanos un arma potente para contrarrestar la naciente República.

Le siguió una campaña de represalias liderada por los generales James Clinton y John Sullivan. La misión era doble: sofocar la resistencia de los nativos americanos y desplazarlos de las tierras que percibían como barreras estratégicas para la expansión hacia el oeste de Estados Unidos.

La campaña Clinton-Sullivan, que comenzó en 1779, sembró las semillas de una cosecha amarga. A medida que las fuerzas estadounidenses abrían un camino de destrucción a través del corazón del territorio iroqués, destruían aldeas, cultivos y recursos vitales para el sustento y la viabilidad económica de las naciones nativas americanas. La campaña, por lo tanto, no fue simplemente una expedición militar sino también un acto de agresión. La destrucción deliberada de las granjas debilitó las estructuras sociales y afectó la vida cotidiana de las personas del lugar. La campaña Clinton-Sullivan fue un desastre del que la Confederación iroquesa nunca se recuperó por completo.[i]

La quinta columna conservadora

Mientras se libraban las luchas en el campo de batalla, dentro de Estados Unidos se libraba una guerra civil que enfrentaba a los patriotas, partidarios de la evolución, contra los conservadores, partidarios de la Corona británica.

Los Tories (conservadores), también conocidos como lealistas, eran colonos estadounidenses leales a la monarquía británica durante la era revolucionaria. Sus números, y por lo tanto su impacto, eran significativos. Se estima que entre el 15 y el 20 por ciento de la población blanca se identificaba como lealista, una parte sustancial de la sociedad colonial. Incluían a muchas figuras prominentes como el clero de la Iglesia anglicana y comerciantes ricos con vínculos con Gran Bretaña. Los partidarios de la corona incluían personas notables, como William Franklin, el gobernador real de Nueva Jersey y el hijo de Benjamin Franklin. Sus motivaciones iban desde un sentido de patriotismo por Gran Bretaña hasta un miedo a lo desconocido que rodeaba la causa patriota.

Los números conservadores variaban en las Trece Colonias, pero se concentraban principalmente en las Colonias Centrales, especialmente en Nueva York y Pensilvania, que representaban casi la mitad de la población. Otras áreas con grandes poblaciones lealistas incluían las ciudades rurales y costeras del sur, como Charleston y Wilmington.

Su lealtad a Gran Bretaña era más que una simple proclamación; participaban activamente en unidades militares británicas contra los patriotas, la resistencia pasiva y el sabotaje absoluto de la causa de la revolución. Los conservadores estuvieron involucrados en algunos de los actos más infames de la guerra, incluido el ahorcamiento de prisioneros patriotas, el trabajo como guías para las fuerzas británicas durante las campañas y, en algunos casos, atrocidades como la masacre de Cherry Valley.

---

[i] National Park Service. (18 de febrero de 2024). The Clinton-Sullivan Campaign of 1779. Obtenido de Nps.gov: https://www.nps.gov/articles/000/the-clinton-sullivan-campaign-of-1779.htm.

Muchos conservadores no podían imaginar un orden mundial sin el Imperio británico en su centro, y creían firmemente en el sistema monárquico. Algunos veían la rebelión como una afrenta al orden social y un paso hacia la anarquía. Otros temían las consecuencias económicas de cortar los lazos con la red comercial británica.

Para muchos lealistas que habían construido vidas e identidades arraigadas en su devoción a Gran Bretaña, la perspectiva de una América independiente amenazaba su sentido de identidad y estabilidad. Preveían las complejidades de crear un nuevo gobierno y desconfiaban o eran escépticos de las promesas y capacidades del liderazgo patriota. Además, los lealitas se enfrentaban a las implicaciones personales de perder su estatus, relaciones y medios de vida en caso de que la Corona no mantuviera el control. Su resistencia a la independencia no nació únicamente de la lealtad a la monarquía, sino también de una profunda preocupación por el futuro de sus familias.

Los lealistas fueron objeto de represalias por parte de los patriotas, lo que llevó a un círculo vicioso de violencia que afectó a civiles de ambos lados del conflicto. Estos actos de violencia contra los lealistas formaban parte de una campaña deliberada para intimidarlos y evitar que apoyaran a los británicos.

Conservadores afroamericanos

La narrativa de la participación de los afroamericanos en esta era fundamental a menudo pasa a segundo plano en los relatos históricos. La mayoría está familiarizada con la historia de Crispus Attucks y su papel en la masacre de Boston.[i] Lo que es menos común pero igual de profundo en su impacto es la historia de los conservadores afroamericanos. Fueron parte del conflicto al igual que aquellos que ayudaron a los patriotas.

La Proclamación del Conde de Dunmore de 1775 representó un punto de inflexión para los afroamericanos esclavizados en las colonias. Este controvertido documento prometía la libertad a cualquier esclavo de un patriota que dejara a su amo y luchara del lado de los británicos. Lo que no se sabe comúnmente es que el conde de Dunmore poseía

---

[i] Para aquellos que no están familiarizados con su historia, Attucks era un marinero de ascendencia africana e indígena mixta. Se le considera la primera persona en morir en la masacre de Boston. Algunos lo ven como el primer estadounidense en ser asesinado durante la Revolución Americana.

esclavos y que cualquier fugitivo que fuera propiedad de lealistas era devuelto a sus amos. La proclamación no era una emancipación sino un plan de reclutamiento razonablemente exitoso.

Aproximadamente veinte mil afroamericanos lucharon para los británicos en la Revolución estadounidense. Las unidades de combate se crearon a partir de fugitivos. El Regimiento etíope, también conocido como el Regimiento etíope de Lord Dunmore, estaba compuesto por esclavos negros que se unieron a los británicos. Otros afroamericanos sirvieron en varias unidades del ejército británico, incluidos los Pioneros Negros.

Había más de seiscientos afroamericanos en las filas británicas durante el asedio de Savannah en 1779. Otras docenas sirvieron en funciones de apoyo como cocineros, guías y trabajadores.[i]

Se estima que cinco mil afroamericanos lucharon por la causa patriota, en particular el 1er Regimiento de Rhode Island.

Es esencial pensar en los motivos y las experiencias de quienes lucharon en ambos lados. El patriotismo o la lealtad a la Corona probablemente eran menos importantes para estos soldados. La libertad personal y la oportunidad de llevar una vida mejor habrían sido sus principales motivaciones.

Saratoga fue un punto de inflexión en la guerra, pero eso no significaba que el conflicto terminaría pronto. El mando británico cambió de poderes en 1778 y se desarrollaron nuevas estrategias británicas. La lucha más brutal de la Revolución estadounidense fue en los años próximos.

---

[i] Mobley, C. (24 de septiembre de 2006). Hundreds of African-Americans Campaigned for the King during 1779 Struggle for Savannah. Obtenido de Savannahnow.com: https://www.savannahnow.com/story/news/2006/09/25/hundreds-african-americans-campaigned-king-during-1779-struggle-savannah/13826035007/.

Capítulo 9: Tiempos de prueba

John Burgoyne acusó a William Howe de sabotear la campaña de Saratoga al no trasladarse agresivamente al norte de Albany. Podría haber habido cierta animosidad personal entre los dos, pero Howe tenía un premio más grande en mente que, si ganaba, eclipsaría cualquier éxito de Burgoyne.

El premio a incautar era Filadelfia, la capital rebelde. Howe lideraría un ejército de dieciocho mil hombres por la bahía de Chesapeake, flanqueando la fuerza del general George Washington que estaba en la capital rebelde. La captura de Filadelfia por parte de Howe podría ser el golpe maestro que pondría fin a la revuelta. Si Burgoyne tomaba con éxito Albany, esa sería la cereza del pastel.

El general Howe comenzó su viaje al sur desde la ciudad de Nueva York a fines de junio. Con un ejército de dieciocho mil hombres, Howe decidió no atacar directamente a las fuerzas atrincheradas de Washington y lanzó una campaña marítima para capturar Filadelfia. Su primer objetivo era navegar alrededor del ejército de Washington y cruzar Nueva Jersey para llegar a la cabeza de la Bahía de Chesapeake.

Los preparativos de Washington

George Washington se estaba preparando para la llegada de los británicos. Sin embargo, los preparativos militares frente a la inminente campaña de Howe eran una tarea inmensa. Washington, cuyo ejército todavía era una fuerza incipiente en comparación con los experimentados casacas rojas, trató de reunir a sus tropas y aumentar su número. La meticulosa preparación de Washington implicaba acumular hombres y moral; era consciente de que la fuerza de su ejército no solo radicaba en los números, sino también en la tenacidad y el espíritu de sus individuos.

Uno de los aspectos más históricos de los preparativos de Washington era la fortificación del río Delaware, un baluarte estratégico contra el avance anticipado de Howe. La construcción del Fort Mifflin, una estructura formidable a orillas del río, y las obras menos conocidas en Red Bank proporcionan una visión del esfuerzo intensivo en mano de obra destinada a detener el ataque británico.

Compromiso en Brandywine

Howe empleó hábilmente maniobras de flanqueo, asaltos anfibios y subterfugios prácticos para burlar a las tropas menos disciplinadas de Washington. Las colinas onduladas y los densos bosques proporcionaban una amplia cobertura tanto para los atacantes como para los defensores. También obstaculizaba la comunicación y la coordinación, una espada de doble filo que cortaría en ambos sentidos.

El avance británico fue metódico, pero controvertido. La resistencia estadounidense, las tácticas de guerrilla y la decisión estratégica de no participar en batallas campales estiraron indebidamente las líneas de suministro y la resolución británicas. La ruta del general Howe a Filadelfia podría haber estado salpicada de victorias tácticas, pero también generó indecisión estratégica.

Los dos ejércitos se reunieron en Brandywine Creek el 11 de septiembre de 1777, cada uno con quince mil soldados. Howe ordenó al general Wilhelm von Knyphausen que se presentara contra los estadounidenses en Chadds Ford para distraerlos. Al mismo tiempo, la principal fuerza británica cruzó el arroyo aguas arriba. Las fuerzas de Howe aparecieron en el flanco derecho de Washington, y von Knyphausen se mantuvo firme.

La batalla fue feroz. Los soldados británicos, cuya disciplina se vio agudizada por las muchas campañas militares del imperio, avanzaron con una precisión que destruía las líneas continentales. Los estadounidenses, con su valentía característica, lucharon ferozmente. La línea de Washington finalmente se rompió, pero el Ejército Continental se retiró en buen estado gracias a la defensa de retaguardia de las tropas bajo Nathanael Greene. El camino a Filadelfia estaba abierto para los británicos.[i]

Frente al avance británico, Washington se enfrentó a la desalentadora perspectiva de defender una ciudad contra un enemigo con superioridad naval. Tuvo que considerar las maniobras tácticas y el panorama estratégico más amplio. El comandante estadounidense decidió evacuar la capital, y los británicos entraron en Filadelfia el 26 de septiembre de 1777.

La decisión de Washington de abandonar la ciudad no fue a la ligera. Fue un movimiento calculado sopesado contra la perspectiva de un asedio prolongado y potencialmente debilitante. No se hacía ilusiones sobre la pérdida simbólica y material de la capital colonial. Su preocupación general era preservar el Ejército Continental y, por extensión, la revolución misma.

La batalla de Germantown

El general Howe quería capturar las fortificaciones estadounidenses en el río Delaware. Destinó nueve mil hombres al mando de los generales James Grant y von Knyphausen en Germantown para proteger Filadelfia. Desesperado por recuperar la iniciativa, Washington apostó y atacó Germantown, con la esperanza de obtener un éxito similar al obtenido en Trenton. Dividió sus fuerzas entre el general John Sullivan y el general Nathanael Greene y atacó a los británicos el 4 de octubre. Al separarse los grupos y al quedarse los hombres de Sullivan sin municiones, se creó confusión y una oportunidad para los británicos. Los estadounidenses finalmente se vieron obligados a retirarse.[ii]

El enfrentamiento podría haber sido una pérdida estratégica, ya que no impedía la ocupación británica de Filadelfia. Sin embargo, la importancia de Germantown radica en su representación de la determinación estadounidense. Mostró que a pesar de los contratiempos y la inexperiencia, los colonos estaban dispuestos y eran capaces de enfrentarse a las fuerzas británicas en sus propios términos.

La geopolítica ocupa un lugar central

El otoño de 1777 debería haber sido una temporada espléndida para el general William Howe. Su campaña contra Washington había sido un

---

[i] Battlefields.org. (21 de febrero de 2024). Brandywine. Obtenido de Batlefields.org: https://www.battlefields.org/learn/revolutionary-war/battles/brandywine.

[ii] Battlefields.org. (21 de febrero de 2024). Germantown. Obtenido de Battlefields.org: https://www.battlefields.org/learn/revolutionary-war/battles/waxhaws.

gran éxito, y la capital rebelde había sido tomada. Todo parecía maravilloso, pero el desastre golpeó la puerta el 17 de octubre cuando el general Burgoyne rindió a su ejército.

Las consecuencias diplomáticas de Saratoga no fueron menos graves. La rendición del ejército de Burgoyne fue una victoria significativa para la causa estadounidense, reverberando a través del Atlántico y cambiando las opiniones de la gente en Europa. En particular, los franceses, que habían estado ayudando encubiertamente a los estadounidenses, ahora se pusieron abiertamente del lado de su causa, alterando dramáticamente la naturaleza del conflicto.

Además, los franceses estaban impresionados con la conducta de los colonos en Brandywine y Germantown. El Ejército Continental, aunque sufrió derrotas, se mantuvo resuelto, mostrando adaptabilidad y compromiso con la lucha. Mientras tanto, las fuerzas británicas, a pesar de su gran poder, luchaban por obtener una ventaja estratégica. Los estadounidenses sufrieron derrotas, pero se retiraron en buen estado; no eran una turba desorganizada.

Análisis de la Campaña de Filadelfia

El fracaso de los británicos en dar un golpe de gracia en la campaña de Filadelfia tuvo consecuencias que se hicieron eco mucho más allá del campo de batalla. La victoria británica no puso fin rápidamente a la rebelión. El ejército de Washington permaneció intacto y continuó acosando al ejército de Howe en una serie de escaramuzas, lo que demuestra la tenacidad y la determinación de las fuerzas estadounidenses. Además, los británicos ahora se extendían profundamente en territorio hostil, lo que exponía sus líneas de suministro a constantes ataques de las milicias coloniales.

La incapacidad de los británicos para mantener el control sobre el territorio recién capturado los dejó cada vez más aislados en Filadelfia. Este aislamiento, combinado con la resolución de las fuerzas estadounidenses, comenzó a sembrar dudas entre los líderes británicos sobre la importancia de continuar la guerra.

La decisión de marchar sobre Filadelfia puede verse como una apuesta de alto riesgo que no pagó dividendos a los británicos. Aunque finalmente capturaron la ciudad, el coste de tiempo y recursos fue significativo. Su incapacidad para capitalizar completamente esta victoria y los subsiguientes errores de cálculo estratégicos que siguieron sentaron las bases para el fracaso final de los esfuerzos británicos en la Revolución estadounidense.

El milagro de Valley Forge

La temporada de campaña terminó, y el Ejército Continental se mudó a Valley Forge para pasar el invierno. Habían sido derrotados por los británicos, pero los estadounidenses seguían siendo una fuerza de combate. El Ejército Continental entró en Valley Forge el 17 de diciembre de 1777, con aproximadamente doce mil soldados.

Desde entonces, el invierno en Valley Forge se ha convertido en un potente símbolo de resistencia, sufrimiento y, en última instancia, triunfo en los anales de la guerra revolucionaria de los Estados Unidos. Las narrativas de resistencia y sacrificio colorean este capítulo fundamental de la historia de Estados Unidos, ya que el general George Washington y su ejército continental soportaron un invierno brutal lleno de enfermedades, hambre y duras condiciones de vida. La historia convencional de Valley Forge evoca imágenes de soldados harapientos, pies congelados y un comandante en jefe asediado que lucha contra el Imperio británico.

El Ejército Continental llegó a Valley Forge después de varias derrotas y retiros. Los soldados vestían ropas harapientas y sufrían mucho hambre. Muchos ni siquiera tenían zapatos para protegerse de la nieve. El invierno se cobró la vida de casi 2500 soldados debido a diversas dificultades, pero el sufrimiento se extendió más allá de la mera privación física.

El ejército estaba desmoralizado y la disciplina estaba disminuyendo. Los hombres se enfrentaban a un enemigo que había ocupado la capital y a un paisaje invernal hostil. El desafío de Washington era mantener a sus hombres vivos, mantener el fervor revolucionario y comandar una fuerza de combate efectiva contra el ejército británico que podría llegar en primavera. La logística de abastecer y apoyar a sus fuerzas parecía imposible; era una prueba tanto de su liderazgo como de la voluntad de ganar.

Primeros días

La topografía de Valley Forge y el duro invierno proporcionaron un desafío natural, pero la falta de provisiones y la mala planificación exacerbaron la situación. Las tropas carecían de ropa, refugio y alimentos adecuados. La mayoría estaba congelada y hambrienta. La enfermedad, particularmente la viruela, había tomado el campamento.

Parecía que el sufrimiento era incesante. La supervivencia misma del Ejército Continental estaba en batalla.[i]

Cuarteles de soldados en Valley Forge[14]

La crisis estadounidense de Thomas Paine, una serie de folletos publicados a lo largo de la guerra, proporcionó la munición intelectual para la moral de los soldados. Sus palabras fueron: "Estos son los tiempos que prueban las almas de los hombres", y aportaron a la perseverancia y la resistencia.[ii] Las obras de Paine trascendieron la página escrita, convirtiéndose en un grito de guerra que resonaba en los corazones de cada soldado en Valley Forge.

Washington tenía más de qué preocuparse que solo la angustia física y la moral de sus tropas. Su liderazgo estaba siendo seriamente cuestionado.

El Conway Cabal

Los problemas comenzaron antes de que las tropas llegaran a Valley Forge. El Conway Cabal era una conspiración de personas ambiciosa

[i]Keesling, D. K. (21 de febrero de 2024). Valley Forge: A Place of Transformation for the Continental Army. Obtenido de Thepursuitofhistory.org: https://thepursuitofhistory.org/2022/10/24/valley-forge-a-place-of-transformation-for-the-continental-army/.

[ii]Paine, T. (1776). The American Crisis. Obtenido de la Biblioteca del Congreso: https://www.loc.gov/resource/cph.3b06889/.

muy críticas con George Washington, que querían que fuera destituido como comandante del Ejército Continental. El principal conspirador fue Thomas Conway, un soldado irlandés-francés conocido por su inteligencia y valentía. Conway también era ferozmente crítico con el liderazgo militar de Washington, y no estaba solo. Horatio Gates, el héroe de Saratoga, se alineó con Conway para cuestionar la posición de Washington. El congresista Thomas Mifflin y, supuestamente, Benjamin Rush también desaprobaban el liderazgo de Washington. Sus quejas contra el comandante en jefe iban desde el manejo de campañas militares hasta desacuerdos personales.

Se produjo una ráfaga de cuestionamientos sobre la competencia de Washington. Washington fue informado al respecto y recibió a Conway, quien fue ascendido a inspector general por el Congreso Continental, con fría cortesía cuando Conway visitó Valley Forge a fines de diciembre. El comportamiento profesional de Washington hizo que Conway retrocediera y escribió una carta de disculpa a Washington. El complot se desvaneció a medida que se hacía pública la información sobre la conspiración. Los intentos de orquestar un voto de "no confianza" en Washington fueron ferozmente disputados en el Congreso. La consecuencia final del Conway Cabal fue que consolidó la posición de Washington como un símbolo unificador de la resistencia y la resolución estadounidenses.[i]

<u>El oficial instructor</u>

El liderazgo del general Washington durante este tiempo fue crucial. Los soldados necesitaban profesionalizarse para tener una oportunidad contra los británicos el próximo año. A petición de Washington, los oficiales enseñaron a los soldados tácticas militares europeas e inculcaron disciplina, marcando un punto de inflexión en el profesionalismo del Ejército Continental. La llegada al campamento de un individuo único mejoró el entrenamiento.

El nombre de este hombre era Friedrich Wilhelm von Steuben, y afirmaba ser un barón y un ex teniente general del ejército prusiano (Washington descubrió más tarde que von Steuben no era más que un

---

[i]Scythes, J. (21 de febrero de 2024). Conway Cabal. Obtenido de Mountvernon.org: https://www.mountvernon.org/library/digitalhistory/digital-encyclopedia/article/conway-cabal/#:~:text=The%20Conway %20Cabal%20refers%20to,with%20Major%20General%20Horatio%20Gates.

capitán que nació plebeyo). Von Steuben fue muy recomendado por Benjamin Franklin y demostró ser un entrenador militar superior.

Retrato de von Steuben[15]

El propósito de Von Steuben era simple pero profundo: inculcar disciplina y tácticas en el Ejército Continental, que hasta entonces eran inexistentes, transformándolo de una coalición flexible de milicias en una fuerza de combate unificada. Su enfoque era riguroso y metódico. Entrenó a los soldados en el arte de la guerra, les enseñó desde maniobras básicas hasta formaciones complejas que serían esenciales en el campo de batalla. Su "Libro Azul", un manual de entrenamiento que se convertiría en la piedra angular de la educación militar estadounidense, estandarizó las técnicas y el protocolo militar del ejército.

Las contribuciones de Von Steuben trascendieron lo táctico; reformó los sistemas administrativos del ejército, estableció estándares rigurosos de higiene y gestión de la salud, e integró la capacitación para soldados de todas las etnias e idiomas en un acto de profunda inclusión. La unidad forjada en los fuegos de la adversidad encendió un nuevo espíritu entre las tropas.[i]

Sus esfuerzos generaron resultados. Los soldados emergieron de Valley Forge como una unidad cohesionada y como combatientes experimentados. La transformación fue notable; lo que una vez fue una banda desanimada ahora era una fuente de orgullo, una fuerza adornada con un nuevo sentido de disciplina y confianza. El entrenamiento de Von Steuben había forjado soldados y administradores del futuro de una nueva nación. Washington estaba listo para enfrentarse a los británicos y luchar en igualdad de condiciones.

En el corazón de la narrativa de Valley Forge se encuentra el liderazgo de George Washington.

La defensa de Washington por sus soldados, su disposición a compartir su sufrimiento y su inquebrantable creencia en su capacidad para triunfar contra todo pronóstico forjaron un vínculo de confianza entre el líder y el ejército. Esta confianza y la resiliencia alimentada dentro del campamento formaron la columna vertebral del espíritu militar estadounidense.

Estrategia militar de 1778

Washington y sus asesores idearon una campaña multifacética para cimentar alianzas con las potencias europeas mientras mantenían la presión sobre las tropas británicas. Los objetivos de la campaña incluían lo siguiente:

- Consolidación de la presencia militar: expansión del control sobre áreas cruciales para mejorar la posición estratégica del Ejército Continental.

- Diplomacia internacional: aprovechar los éxitos militares para obtener el apoyo de Francia y otros posibles aliados europeos.

- Aumento dela moral interna: aprovechar las victorias anteriores para reforzar el espíritu revolucionario entre la población y las tropas.

---

[i] Mary Stockwell, P. (21 de febrero de 2024). Barón von Steuben. Obtenido de Mountvernon.org: https://www.mountvernon.org/library/digitalhistory/digital-encyclopedia/article/baron-von-steuben/.

Estos objetivos sustentaron una serie de maniobras que combinaron la destreza militar con el ojo de un estadista para la política global.

Una de las facetas más significativas de la campaña de 1778 fue la exitosa negociación de la alianza francoestadounidense, que se formalizó el 6 de febrero de 1778. El apoyo francés fue un antes y un después, ya que los franceses trajeron una fuerza naval formidable que podía desafiar el dominio marítimo británico. El Tratado de Alianza solidificó la colaboración, que prometía asistencia militar mutua contra los británicos.[i]

Sir Henry Clinton

William Howe renunció como comandante en jefe del ejército británico en América del Norte cuando se enteró de la derrota de Burgoyne. Permaneció en Filadelfia hasta el 24 de mayo de 1778 y fue reemplazado por Sir Henry Clinton.

El tratado político de Maquiavelo, *El príncipe*, aboga por la practicidad sobre la ética, una filosofía que a menudo da forma al enfoque de los líderes políticos y militares. Clinton encarnó este pragmatismo en sus decisiones estratégicas mientras buscaba un camino hacia la victoria lleno de cautela táctica y riesgos calculados. Su misión era hacer la guerra y ganarla por cualquier medio necesario.

Clinton creía que el ejército británico necesitaba un lugar y algo de tiempo para reagruparse y reorganizarse con éxito. Decidió que Nueva York era el lugar para hacer esto. Para él, Filadelfia no tenía ningún valor estratégico. En consecuencia, el 18 de junio de 1778, Clinton y quince mil soldados británicos evacuaron Filadelfia, dejando a los lealitas en pánico por sus vidas.[ii]

La batalla de Monmouth

El general George Washington dirigió el Ejército Continental para asestar un golpe contra las fuerzas británicas que se retiraban de Filadelfia. La campaña estuvo marcada por retiros tácticos, políticas de tierra arrasada y las estrategias encubiertas de espionaje y recopilación de inteligencia.

---

[i] Encyclopedia.com.(30 de enero de 2024). Franco-American Alliance. Obtenido de Britannica.com: https://www.britannica.com/event/Franco-American-Alliance.

[ii] Editors, H. (21 de febrero de 2024). British Abandon Philadelphia. Obtenido de History.com: https://www.history.com/this-day-in-history/british-abandon-philadelphia.

La batalla de Monmouth, librada el 28 de junio de 1778, fue importante por varias razones. Fue uno de los enfrentamientos más extensos de la guerra, con la participación de más de veintiséis mil soldados. El intenso calor del día y la falta de una toma de decisiones adecuada, en particular, la controvertida actuación del mayor general Charles Lee, quien ordenó una retirada que permitió un contraataque británico, contribuyeron a una batalla que acabó en empate. Los británicos finalmente se trasladaron a la ciudad de Nueva York, pero no sin sufrir grandes bajas.

La resolución y la resistencia mostradas por los soldados luchando en el calor abrasador y el caos de la batalla infundieron una nueva confianza dentro de las filas. Las historias del coraje y el sacrificio de los hombres se extendieron, y encendieron el espíritu de esperanza y determinación. Monmouth demostró la creciente competencia del Ejército Continental. Esta actuación galvanizó a la opinión pública a favor de la causa patriota y disipó cualquier duda persistente sobre la viabilidad de las fuerzas estadounidenses.

El nuevo comandante en jefe británico estaba en una posición peculiar. Gran Bretaña tenía un poder militar abrumador, mejor financiación y una armada robusta que controlaba las vías fluviales críticas. Sin embargo, una cadena de suministro extendida y una creciente aversión a la guerra dentro de Gran Bretaña exigían una resolución acelerada. Además, el Ejército Continental estaba demostrando resistencia. Henry Clinton decidió cambiar de dirección.[i]

Su solución estaba en el Sur, un teatro de guerra menos poblado y menos defendido. Su estrategia se centró en la creencia de que al asegurar el Sur, el control británico sobre las colonias podría desmoronar la rebelión. Esta Campaña del Sur, como se la denominó, fue un esfuerzo concertado para explotar las divisiones dentro del liderazgo y la población estadounidenses. Los días más sangrientos de la Revolución estadounidense estaban a punto de comenzar.

---

[i] National Park Service. (21 de febrero de 2024). Henry Clinton. Obtenido de Nps.gov: https://www.nps.gov/people/henry-clinton.htm#:~:text=Sir%20Henry%20Clinton%20replaced%20Sir,to%20face%20the%20rebellious%20American.

Capítulo 10: La Campaña del sur

Los conflictos más conocidos en el norte a menudo eclipsan las batallas de la Campaña del sur. Sin embargo, estos enfrentamientos fueron vitales en la estrategia general tanto del Ejército Continental como de las fuerzas británicas. Aquí, los lealistas, coloquialmente conocidos como "tories" o "conservadores", formaron una fuerza significativa que defendió los intereses británicos y dio forma al curso de la guerra revolucionaria de los Estados Unidos. La decisión de permanecer leal a menudo era compleja, influenciada por el estatus socioeconómico, los lazos culturales y la creencia de que la gobernanza británica ofrecía una mayor estabilidad. Thomas Brown, Patrick Ferguson y David Fanning fueron fundamentales en el liderazgo de las unidades de la milicia lealista. Estos líderes eran hábiles tácticos y expertos en cultivar el apoyo de los lealistas locales, a menudo suprimiendo las actividades patriotas.

Los lealistas veían el conflicto a través de la lente de la ley y el orden, con una profunda desconfianza en lo que consideraban la anarquía inherente al movimiento patriota. Su lealtad a menudo se basaba en una cosmovisión conservadora que valoraba la estabilidad y la tradición por encima del fervor revolucionario que se apoderaba de los patriotas.

La confianza en los lealistas

La población lealista en el sur era considerable pero menos uniforme en su apoyo a los británicos de lo que los británicos pensaban. En medio de las lealtades conflictivas y las complejas dinámicas sociales, muchos aspiraban a permanecer neutrales, abandonando a las milicias británicas y coloniales. Estas lealtades a menudo eran fluidas, influenciadas por las circunstancias inmediatas y el progreso local de la guerra.

La presencia militar de los británicos y sus aliados lealistas envalentonó a algunos a declarar su apoyo abiertamente, lo que derivó en una amarga guerra civil dentro del movimiento revolucionario. Se estima que alrededor del 20 por ciento de los colonos blancos del sur eran lealistas conservadores, con una concentración notable en Carolina del Sur y Georgia. Los británicos buscaron utilizar a esta población para crear una base política y militar.

La fase de Georgia

La Campaña del Sur comenzó con una incursión en la colonia más meridional, Georgia. Esta fue la última colonia estadounidense colonizada por Gran Bretaña, por lo que Clinton asumió que los georgianos darían la bienvenida a la presencia de soldados británicos para defender a los civiles contra los nativos americanos.

El 26 de noviembre de 1778, Clinton envió casi tres mil soldados al mando del teniente coronel Archibald Campbell a Savannah con instrucciones de tomar la ciudad. Las defensas de Savannah incluían tierras pantanosas que los patriotas creían que impedirían un avance británico. Sin embargo, un esclavo señaló un sendero indefenso que conducía a los cuarteles del Ejército Continental. Un fuerte destacamento de soldados británicos siguió ese camino y flanqueó efectivamente a los estadounidenses.

Savannah cayó el 29 de diciembre de 1778. Un número significativo de soldados estadounidenses fueron tomados prisioneros. Los lealistas ayudaron a los británicos a tomar Savannah, y ese fue el comienzo de una alianza que tendría un gran éxito en los próximos meses.

Savannah era ahora una base de operaciones para los británicos. Augusta caería más tarde cuando las fuerzas británicas y conservadoras comenzaran a atacar Carolina del Sur. Georgia recibiría formalmente un gobernador real en julio de 1779. Un intento posterior de retomar la ciudad por parte de una fuerza combinada estadounidense y francesa se saldó con un asedio fallido que duró del 16 de septiembre al 20 de octubre de 1779.[i]

Hubo victorias estadounidenses en Port Royal Island, Carolina del Sur, y en Ketele Creek, Georgia. El campo de Georgia todavía estaba en

---

[i] Battlefields.org. (20 de febrero de 2024). Siege of Savannah. Obtenido de Battlefields.org: https://www.battlefields.org/learn/revolutionary-war/battles/waxhaws.

manos estadounidenses, pero la situación empeoró dramáticamente a fines de diciembre de 1779. Sir Henry Clinton navegó desde la ciudad de Nueva York con catorce mil hombres a Charleston, Carolina del Sur, para asediar ese importante puerto del sur.

La caída de Charleston

El asedio de Charleston comenzó en serio el 1 de abril de 1780. Duró hasta el 12 de mayo, cuando las débiles fuerzas estadounidenses al mando del general Benjamin Lincoln entregaron Charleston a las tropas británicas, que estaban al mando del general Sir Henry Clinton. El golpe decisivo asestado a las fuerzas patriotas significó la mayor rendición de las tropas estadounidenses hasta la Segunda Guerra Mundial, con más de 5500 soldados deponiendo las armas.

El asedio fue una muestra flagrante del poderío militar británico. Se podía inferir el comienzo del fin para la causa revolucionaria en el contexto sureño. Los lealistas en Charleston se beneficiaron enormemente de esta victoria británica.

Una representación del asedio de Charleston[16]

La oposición lealista

La población de Charleston estaba significativamente dividida. Mientras que los patriotas se unieron fervientemente por la independencia, otra parte considerable de la población se mantuvo lealista, con personajes notables como Rawlins Lowndes abogando firmemente por la Corona.

Las divisiones políticas y culturales fueron más pronunciadas en la élite socioeconómica de Carolina del Sur. Debido a las conexiones comerciales de larga data y los lazos familiares con Inglaterra, estos individuos se convirtieron en un delicado puente entre la floreciente identidad estadounidense y la herencia europea.

El asedio de Charleston arrojó una gran sombra. Para los lealistas, la captura británica de Charleston fue un momento de victoria y les presentó un terrible riesgo. Sus fortunas y sus vidas dependían del éxito británico. El fracaso dejaría a los lealistas en manos de una facción patriota en busca de venganza.

El colapso de Carolina del Sur

Tras la captura de Charleston, el ejército británico se embarcó en una serie de conflictos armados diseñados para afirmar su supremacía y desalentar la rebelión. Algunos de los enfrentamientos más destacados fueron la batalla de Waxhaws y la batalla de Camden.

La batalla de Waxhaws enfrentó a los estadounidenses bajo Abraham Buford contra Banastre Tarleton el 29 de mayo de 1780. Esta fue una batalla pequeña, pero las consecuencias fueron impactantes. Los estadounidenses que intentaban rendirse fueron masacrados. En el verano de 1780, los revolucionarios estadounidenses habían comenzado a sentir el peso del resurgimiento británico bajo el mando del general Charles Cornwallis.

La batalla de Camden tuvo lugar el 16 de agosto de 1780. Los británicos estaban comandados por el general Cornwallis. Horatio Gates, el héroe de Saratoga, lideró a los estadounidenses. La naturaleza de la batalla era asimétrica. Los británicos sumaban alrededor de 2200, mientras que la fuerza estadounidense contaba con aproximadamente 3700. Las estrategias de ambos lados apuntaban a explotar las debilidades del otro. Cornwallis buscaba afirmar el dominio británico en el Sur a través de una victoria rápida y decisiva y Gates esperaba reforzar la moral estadounidense con una defensa exitosa.[i]

---

[i] Battlefields.org. (20 de febrero de 2024). Waxhaws. Obtenido de Battlefields.org: https://www.battlefields.org/learn/revolutionary-war/battles/waxhaws.

La batalla de Camden fue un desastre para los estadounidenses. Frente a un implacable avance británico, las líneas estadounidenses se desmoronaron y las tropas de Virginia huyeron, dejando al descubierto al Ejército Continental. Las tropas al mando de Johann de Kalb se quedaron en el campo mientras otros estadounidenses corrían por sus vidas. El recuento de víctimas fue devastador y de Kalb murió. La reputación del general Gates quedó destruida, el comandante estadounidense huyó del campo y corrió unas 150 millas.[i]

La resistencia estadounidense organizada fue eliminada por completo en Camden. Solo quedaban milicianos y guerrilleros desorganizados para luchar contra las tropas británicas y sus aliados conservadores. Se necesitaría un comandante agresivo para salvar la causa revolucionaria en el Sur. El milagro vendría de un cuáquero de Rhode Island.

Nathanael Greene y su estrategia

Nathanael Greene fue uno de los generales más capaces y audaces de la guerra revolucionaria de los Estados Unidos. Nació en una familia cuáquera devota en Rhode Island en 1742. A diferencia del pacifismo dogmático de su educación, Greene se sintió atraído por el fermento intelectual que dio lugar a la causa revolucionaria. Su perspicacia militar lo elevó rápidamente a través de las filas cuando estalló el conflicto.

Fue una de las mentes más innovadoras y estratégicas de su tiempo, conocida por su flexibilidad táctica, su perspicacia logística y su capacidad para inspirar a las tropas. La visión estratégica de Greene consideraba las limitaciones de las distancias masivas, las carreteras deficientes y el creciente estado del Ejército Continental. Su enfoque de la guerra fue innovador en un momento en que la sabiduría convencional de la ortodoxia militar europea dominaba.

En 1780, Greene fue nombrado comandante del Departamento del Sur, enfrentando una situación casi imposible. Los británicos acababan de capturar Charleston, y el general británico Cornwallis parecía imparable. Greene, sin embargo, se negó a aceptar la derrota. Su estrategia era hostigar implacablemente a los británicos, desgastando sus fuerzas a través de batallas rápidas.

---

[i] Battlefields.org. (20 de febrero de 2024). Camden. Obtenido de Batlefields.org: https://www.battlefields.org/learn/revolutionary-war/battles/brandywine.

Retrato de Nathanael Greene[17]

El plan de Greene para la victoria

La moral entre las fuerzas estadounidenses se había desplomado, y el tejido económico y social del Sur estaba en una situación desesperada. Greene se enfrentó a una tarea engañosamente simple pero desalentadora: reunir un ejército desmoralizado y cambiar el rumbo de la guerra contra la formidable presencia británica.

Con compasión y una aguda comprensión de la naturaleza humana, Greene se embarcó en una doble misión para reavivar sus fuerzas. Reconoció que la victoria en el campo de batalla era solo una faceta de la guerra; la resistencia y la resolución eran igualmente cruciales. Greene restauró la confianza a través de un entrenamiento implacable, inculcando disciplina y fomentando la unidad entre los dispares grupos de milicias que componían el ejército del sur. Su estilo de liderazgo evitó el autoritarismo en favor de un enfoque participativo, lo que le valió el respeto y la lealtad de sus hombres.

Consciente de que las tácticas convencionales no lograrían corregir el desequilibrio, Greene adoptó métodos poco ortodoxos para superar a las fuerzas británicas superiores. Retiró repetidamente su ejército, utilizando la extensa geografía del Sur a su favor. Su conocimiento del terreno local le permitió aprovechar las fortalezas de una guerra irregular, aprovechó la velocidad y el sigilo de sus fuerzas para hostigar a los británicos sin comprometerse en enfrentamientos frontales.

Además, Greene reconoció la importancia de mantener el apoyo de la población local. Prohibió a sus tropas participar en la destrucción sin sentido que a menudo acompañaba a la guerra, y apeló en cambio a la civilidad sureña arraigada en las estructuras sociales. Al ganarse los corazones y las mentes de la gente, Greene desarrolló una red de inteligencia y un flujo continuo de reclutas que sostenían el esfuerzo patriota.

Estrategia fabiana, estilo sureño

Lo que Greene estaba haciendo era similar al plan de acción de Washington después de la caída de la ciudad de Nueva York, pero había una diferencia. La estrategia de Greene era de desgaste, en la que el objetivo no era derrotar a los británicos directamente, sino desgastar su voluntad y recursos. Extendió efectivamente las líneas de suministro británicas a través de sus retiros tácticos, obligándolas a extenderse y debilitar su control sobre el territorio del sur. Esta presión implacable, junto con los enfrentamientos irregulares que gravaban desproporcionadamente a las fuerzas británicas, aceleró el desgaste de la fuerza británica.

En este momento, un líder guerrillero altamente efectivo era Francis Marion, quien también era conocido como el "Zorro del Pantano". Operando en los pantanos de Carolina del Sur, las tácticas irregulares de Marion se convirtieron en una gran molestia para las fuerzas británicas. Su liderazgo de pequeñas bandas de milicias permitió ataques repentinos y desapariciones rápidas en los pantanos, interrumpiendo las comunicaciones enemigas, las cadenas de suministro y las fortificaciones.

La guerra no convencional de Francis Marion encajaba con el enfoque de Greene de evitar enfrentamientos a gran escala en favor de una guerra de desgaste. Podía atacar rápidamente y sin previo aviso, socavando la moral británica y ayudando a recuperar el control del campo de Carolina del Sur. Sus acciones no solo debilitaron a los británicos, sino que también proporcionaron a Greene inteligencia vital y preservaron el espíritu de lucha de la causa patriota en el sur.

Los Overmountain Men

En las tierras fronterizas de Virginia, las Carolinas y Tennessee, un grupo de robustos colonos conocidos como los "Overmountain Men" (Hombres de la Montaña) comenzó a unirse. Estos hombres de la frontera, principalmente de ascendencia escocesa-irlandesa, eran ferozmente independientes. Habían emigrado para escapar de la autoridad de las élites costeras y se habían establecido en el desierto. Cuando el llamado a las armas resonó a través de las montañas, los Overmountain Men vieron la oportunidad de asestar un golpe contra los lealistas que tanto despreciaban. A pesar de los desafiantes obstáculos de la distancia y el terreno, se unieron bajo el mando de varios líderes, especialmente Benjamin Cleveland, John Sevier y William Campbell. Partieron en una peligrosa marcha hacia la región del Piamonte de Carolina del Sur para luchar.

El mayor Patrick Ferguson, un oficial británico al mando de la milicia lealista, se opuso. Conocido por su puntería y disciplina, Ferguson se propuso cazar patriotas en el campo del sur. Su proclamación de que " ahorcaría a sus líderes y arrasaría su país "estimuló a los patriotas a la acción. El exceso de confianza y desprecio de Ferguson por los patriotas, a quienes consideraba una "gentuza" que no valía la pena perseguir, resultó ser un error de cálculo fatal.

Una pelea en la ladera de una montaña

La batalla ocurrió el 7 de octubre de 1780, en Kings Mountain, Carolina del Sur. Empezó como un cercamiento. Los Overmountain Men, que se habían estado preparando para el combate durante su marcha, utilizaron su conocimiento del terreno montañoso para su beneficio. Atacaron por todos lados, moviéndose en pequeños grupos, cubriéndose bajo la maleza y gritando: "¡Recuerden Waxhaws!". Los lealistas, sin preparación para este estilo de guerra, rápidamente se encontraron rodeados y flanqueados, su moral estaba destruida y su fuerza dividida.

En una lucha acalorada y brutal que duró apenas una hora, la marea cambió decisivamente a favor de los patriotas. Ferguson fue asesinado, y los lealistas, sin líder y superados en número, sufrieron muchas bajas. Los patriotas aseguraron una rotunda victoria y capturaron a más de mil prisioneros.

Los prisioneros conservadores se enfrentaban a una justicia fronteriza. El 14 de octubre, hubo algunos consejos de guerra, y treinta y seis lealistas fueron condenados por varios delitos. Nueve personas fueron ahorcadas antes de que se detuviera el proceso. Los prisioneros restantes escaparon o fueron puestos en libertad condicional.[i]

La victoria en Kings Mountain alteró la trayectoria de la guerra en las Carolinas. Marcó el punto culminante en la moral patriota para un conflicto que, hasta ese momento, había sido una serie de reveses y retrocesos. Kings Mountain dinamizó la causa revolucionaria en el sur, poniendo fin a la presencia británica en las Carolinas occidentales.

La victoria llegó en un momento oportuno. Las tropas de Nathanael Greene estaban listas para atacar al enemigo.

La ofensiva de Greene

El general Greene dividió sus fuerzas, atrayendo a Cornwallis más profundamente al hostil interior de las Carolinas. Los soldados de Greene deterioraron constantemente a los británicos aprovechando el conocimiento local y utilizando tácticas de golpe y fuga. Su decisión de evitar una batalla abierta contra un enemigo superior fue una de las más desafiantes, pero finalmente valió la pena. Las fuerzas coloniales, compuestas por regulares y milicianos, ganaron confianza gradualmente a al infringir bajas y capturar suministros. El año 1781 fue testigo de varias batallas importantes mientras los británicos y los estadounidenses luchaban por controlar las Carolinas.

- Cowpens

La batalla de Cowpens tuvo lugar el 17 de enero de 1781. Esta batalla se destaca como un golpe maestro de la estrategia militar y demostró el uso efectivo de las filas coordinadas y las fuerzas de la milicia bajo los comandantes estadounidenses, el General de Brigada Daniel Morgan y el Coronel Andrew Pickens.

En los campos ondulados del interior de Carolina del Sur, Morgan empleó un doble envolvimiento táctico que integró el uso de regulares del Ejército Continental, combatientes de la milicia y caballería en una sofisticada maniobra de retirada y contraataque. Las fuerzas estadounidenses condujeron efectivamente a los británicos a una falsa

---

[i] Revolutionarywar.us. (21 de febrero de 2024). The Battle of Kings Mountain. Obtenido de Revolutionarywar.us: https://revolutionarywar.us/year-1780/battle-kings-mountain/.

sensación de victoria cuando la milicia de primera línea realizó una retirada planificada. Los británicos finalmente se encontraron con una línea firme de regulares del Ejército Continental que resistieron la carga británica y lucharon con ferocidad. Las fuerzas británicas, dirigidas por Banastre Tarleton, fueron derrotadas decisivamente, y sufrieron grandes bajas. La pérdida británica contribuyó significativamente al debilitamiento de las operaciones militares británicas en las colonias del sur.

• Guilford Court House

El 15 de marzo, las fuerzas estadounidenses y británicas se reunieron en los campos alrededor del Palacio de Justicia de Guilford, Carolina del Norte. El resultado fue una victoria táctica para los británicos, que se quedaron con el territorio al final del día. Pero fue una victoria pírrica. Mientras que Cornwallis técnicamente ganó la batalla, sus fuerzas estaban severamente agotadas. Por otro lado, los estadounidenses se mantuvieron firmes y no sufrieron las pérdidas catastróficas de Camden. Greene y sus hombres se retiraron, dejando a los británicos el control del campo de batalla, pero sin la ventaja táctica que habían obtenido de encuentros anteriores. Cornwallis se retiró a Wilmington, Carolina del Norte, en busca de refuerzos y suministros.

• Asedio del Noventa y Seis

El Asedio del Noventa y Seis tuvo lugar a noventa y seis millas de la aldea cheroqui más cercana; la ciudad era una encrucijada importante en el oeste de Carolina del Sur. Greene sitió el Star Fort y su guarnición lealista del 22 de mayo al 18 de junio. Rompió el asedio cuando supo que una fuerza de socorro venía de Charleston.

Cornwallis abandona las Carolinas

La lucha de Cornwallis por afirmar el control británico en las Carolinas lo enfrentó cara a cara con las realidades del conflicto del sur: falta de apoyo popular, dificultades logísticas y una respuesta estadounidense adaptable, aunque no siempre convencional. La Campaña del Sur era costosa en términos de vidas y recursos. El espectro de la intervención francesa y española en la guerra se cernía sobre la toma de decisiones militares, complicando ya las cosas en otros lugares.

El contexto global de la guerra significaba que, para los británicos, mantener una presencia en los territorios del sur ya asegurados tenía que sopesarse con las oportunidades y amenazas en otros lugares. Virginia, una de las colonias más ricas y pobladas, ofrecía ventajas estratégicas en el reclutamiento de combatientes y suministros lealistas, y representaba una ubicación central desde la cual lanzar operaciones en otros escenarios de la guerra.

Cornwallis reconoció que Greene estaba siendo suministrado desde Virginia. El general británico esperaba cortar las líneas de suministro a Greene y propuso a Lord George Germain, Secretario de Estado para las Colonias, que él, Cornwallis, invadiera Virginia. Germain ignoró la cadena de mando, lo que habría significado que Sir Henry Clinton estaría involucrado en la toma de decisiones, y aceptó la idea de Cornwallis. Cornwallis luego dejó Wilmington y se dirigió hacia al norte a Virginia con su ejército.[i]

Greene continuó con su campaña en las Carolinas, conduciendo lo que quedaba de los británicos a Charleston y Wilmington. La batalla de Eutaw Springs, el 8 de septiembre de 1781, fue la última gran batalla en las Carolinas. Los británicos ya no podían detener a Nathanael Greene.

La administración de Nathanael Greene del Departamento del Sur fue parte integral de la victoria de los patriotas en la guerra revolucionaria de los Estados Unidos. El legado de Greene ejemplifica cómo los desvalidos pueden prevalecer a través de la astucia, la adaptabilidad y el coraje.

La traición de Benedict Arnold

La historia de Benedict Arnold se cita a menudo como una historia de traición en la historia de Estados Unidos. El legado de Arnold, que alguna vez fue un célebre y valiente líder militar de los incipientes Estados Unidos, quedó manchado para siempre por su decisión de convertirse en un renegado y ofrecer el fuerte estratégico de West Point a los británicos durante la guerra revolucionaria de los Estados Unidos. Su nombre, una vez sinónimo de patriotismo desinteresado, se transformó en sinónimo de deslealtad. Sin embargo, las motivaciones detrás de la traición de Arnold y los intrincados acontecimientos que condujeron a su plan parecen haber sido complejos.

Antes de convertirse en el villano de Estados Unidos, Benedict Arnold era un partidario ardiente y valiente de la causa estadounidense. Era famoso por su valentía durante las batallas de Saratoga en 1777,

---

[i] Revolutionarywar.us. (21 de febrero de 2024). Southern Theater. Obtenido de Revolutionarywar.us: https://revolutionarywar.us/campaigns/1775-1782-southern-theater/.

donde su brillantez táctica ayudó a asegurar una victoria crítica para el Ejército Continental. A pesar de sus logros, Arnold sintió una profunda sensación de traición por parte del gobierno al que había servido tan fielmente.

Desilusionado por la falta de reconocimiento, compensación y la promoción de otros oficiales por delante de él, el desencanto de Arnold comenzó a hervir lentamente. Al mismo tiempo, los desaires personales y las acusaciones de mala conducta empañaron su reputación a los ojos del liderazgo estadounidense. Estas quejas sentaron las bases para el eventual giro de Arnold hacia el enemigo.

Sin que Washington y otros oficiales superiores lo supieran, Benedict Arnold se estaba comunicando en secreto con Sir Henry Clinton. El general estadounidense sabía que estaba siendo considerado para el mando de West Point. El 12 de julio de 1780, envió un mensaje codificado a Clinton, ofreciéndole entregar West Point a los británicos una vez que fuera puesto al mando. El precio de la traición era de 20.000 libras.

Situado en el río Hudson al norte de la ciudad de Nueva York, West Point tenía una inmensa importancia militar durante la guerra revolucionaria de los Estados Unidos. Su control dividía los estados del norte y del sur, y aseguraba una línea crítica de defensa contra el avance británico. West Point proporcionaba una base segura para que el Ejército Continental almacenara armas y municiones. El complot de Arnold para entregar West Point a los británicos era un golpe potencial que podría haber alterado el curso de la guerra. Sus acciones no solo habrían asestado un golpe devastador al Ejército Continental, sino que también habrían proporcionado un impulso moral a los británicos, que no habían podido hacer incursiones frente a la resistencia colonial.

Benedict Arnold se convirtió en comandante de West Point el 3 de agosto de 1780. Recibió un mensaje codificado de Clinton el 15 de agosto, aceptando el precio de Arnold por el fuerte. West Point sería un puesto de avanzada británico en unos días.

La conspiración revelada

Todo iba de acuerdo al plan. Sin embargo, el complot de Arnold comenzó a desmoronarse cuando su contacto británico, el mayor John André, fue capturado por los estadounidenses el 23 de septiembre. Se encontraron documentos que contenían pruebas incriminatorias sobre el oficial británico, que detallaban las ofertas financieras a Arnold por convertirse en traidor y proporcionar pruebas tangibles de su colusión.

Con el descubrimiento de John André y la evidencia condenatoria en su poder, Arnold huyó apresuradamente de West Point el 24 de septiembre. En las primeras horas de la mañana, abordó una barcaza e insistió en que la tripulación remara río abajo por el río Hudson hasta el HMS *Vulture*, un balandro de guerra británica. A través de esta audaz fuga, Arnold evitó ser capturado por algunas horas. George Washington llegó a West Point y vio que su deshonrado general se había marchado.

Retrato de Benedict Arnold[18]

Al unirse a las filas británicas, fue comisionado como general de brigada, pero recibió una tibia recepción de sus nuevos compañeros, quienes lo vieron con sospecha y nunca lo aceptaron por completo. Arnold dirigió a las fuerzas británicas en varias incursiones, incluido un ataque a New London, Connecticut, considerado por muchos como un acto despiadado contra sus compatriotas. A pesar de estos esfuerzos, las recompensas y el reconocimiento por parte de los británicos no eran los que esperaba.

El descubrimiento del plan de Arnold fue quizás tan crítico como la traición misma. La prevención de la ocupación británica de West Point preservó la fortaleza como un eje de la defensa estadounidense y reforzó la resolución y la confianza mutua dentro del liderazgo revolucionario. Benedict Arnold recibió fama duradera, pero es recordado como un traidor infame, no como un patriota devoto.

Capítulo 11: Yorktown

<u>Guerra en la frontera</u>

Un área que aún no hemos visto es el oeste. La tierra al oeste de los Apalaches fue ferozmente disputada. Las vastas tierras que comprenden los actuales Ohio, Indiana, Illinois, Michigan y Wisconsin fueron el campo de batalla de pequeñas bandas de patriotas, guerreros Shawnee y Delaware, y colonos franceses lucharon para repeler las incursiones británicas y lealistas. La Revolución estadounidense en la frontera fue una lucha por la tierra y la identidad, y la tenue alianza entre los colonos y los pueblos indígenas remodeló la dinámica del conflicto.

Los vastos recursos del noroeste, principalmente pieles, madera y tierras altamente fértiles, lo convirtieron en un premio económico para cualquiera que pudiera asegurarlo. Los británicos crearon una barrera formidable para la expansión hacia el oeste de Estados Unidos al controlar el comercio de pieles y el río Ohio.

El establecimiento y la conquista de fuertes fueron fundamentales para controlar el vasto territorio al oeste de los Apalaches. Fort Vincennes, Fort Kaskaskia y otras fortalezas cambiaron varias veces entre manos británicas y estadounidenses, ya que ambas partes competían por controlar estas posiciones estratégicas. Cada escaramuza era un riesgo calculado que ampliaría los límites de la influencia estadounidense o reforzaría la ocupación británica.

<u>Los habitantes</u>

La presencia francesa en el noroeste añadía una capa de complejidad al conflicto. Si bien los colonos franceses habían disfrutado de una relativa autonomía y desconfiaban de la expansión estadounidense, estaban igualmente descontentos con el dominio británico. Una miríada de lealtades y un deseo general de autogobierno caracterizaron su papel en la Revolución estadounidense.

Los colonos estadounidenses desempeñaron un papel fundamental durante la guerra. Estos hombres de la frontera forjaron asentamientos en paisajes hostiles, creando hogares y comunidades frente a dificultades incalculables. Muchos colonos se unieron a las milicias locales o al Ejército Continental durante el conflicto, proporcionando mano de obra en batallas y campañas críticas. Su conocimiento íntimo de los ríos, bosques y montañas de la frontera resultó invaluable para contrarrestar las estrategias británicas, y su resiliencia frente a la adversidad añadió un plus al esfuerzo de guerra colonial.

Las tribus indígenas eran figuras centrales en el escenario occidental. Desempeñaron un papel complejo y, a menudo, decisivo dentro del conflicto. Las naciones nativas americanas como los Shawnee, Delaware y Miami se encontraron en una posición precaria al enfrentar la presión de los colonos estadounidenses y las fuerzas británicas. Mientras que algunas tribus buscaban permanecer neutrales, otras entraban en alianzas con el fin de preservar sus territorios y su forma de vida. Como aliados de los británicos, contribuyeron significativamente a la defensa de los territorios, utilizando su conocimiento de la tierra, las tácticas de guerrilla y la visión estratégica para detener la expansión estadounidense.[i]

Estrategia occidental británica

Después de la guerra franco-india, se anunció la Proclamación Real de 1763. Para mitigar las posibles tensiones con los pueblos indígenas y sus alianzas, la proclamación trazó una demarcación a lo largo de la cresta de los Montes Apalaches, impidiendo efectivamente la expansión colonial hacia el oeste.

En teoría, la proclamación buscaba fomentar la coexistencia pacífica con las naciones indígenas, que ahora debían ser administradas bajo la autoridad directa de la Corona. Los británicos eran expertos en el arte de hacer tratados y construir alianzas, y utilizaban una combinación de coerción y promesas para mantener alianzas entre las naciones

---

[i] Orrison, R. (3 de enero de 2024). Native American Impact on British War Strategy in Southern Campaign. Obtenido de Battlefields.org: https://www.battlefields.org/learn/articles/native-american-impact-british-war-strategy-southern-campaign.

indígenas. Construyeron una serie de fortalezas para asegurar su territorio occidental.

Estas fortalezas no solo eran baluartes físicos; también eran un testimonio del compromiso de Gran Bretaña de mantener la línea contra cualquier posible insurgencia colonial. Fuertes como el Fort Niágara, el Fort Toronto y el Fort Detroit fueron construidos para afirmar el dominio británico, controlar puntos estratégicos y mantener a las naciones indígenas del lado de la Corona. También sirvieron como puestos de avanzada para el comercio de pieles.

Metas y objetivos estadounidenses

La frontera representaba un potencial económico sin explotar: recursos naturales en abundancia y tierras que ofrecían un nuevo comienzo. La motivación para aventurarse hacia el oeste era una mezcla embriagadora de oportunidades económicas, la búsqueda de libertad y un sentido profundamente arraigado del Destino Manifiesto.

Los patriotas estadounidenses veían la presencia británica en la frontera occidental como una barrera para sus aspiraciones expansionistas y una amenaza para su floreciente identidad nacional. Los fuertes británicos en el oeste servían como un recordatorio del dominio británico, y las alianzas británicas con las tribus nativas americanas se consideraban movimientos estratégicos para limitar el acceso a estas tierras y provocar resistencia contra la invasión de los colonos. Tales acciones de los británicos solo alimentaron la resolución de los colonos de empujar la frontera hacia el oeste.

Campañas militares en la frontera occidental

En 1779, el mayor general Frederick Haldimand, el oficial al mando en la provincia británica de Quebec, dirigió una formidable expedición al mando del teniente coronel Henry Bird. Las fuerzas de Bird, compuestas por regulares británicos, lealistas y aliados de los nativos americanos, llevaron a cabo ataques rápidos y devastadores contra los asentamientos estadounidenses en las fronteras occidentales de Virginia y Pensilvania. Los británicos buscaron resucitar el desánimo de la ciudadanía lealista y salvaguardar el lucrativo comercio de pieles contra las invasiones estadounidenses.

La respuesta estadounidense a las incursiones británicas en el oeste presentó los mismos niveles de resiliencia y adaptabilidad. Líderes como George Rogers Clark y el general de brigada Daniel Brodhead se convertirían en sinónimo de la campaña estadounidense en el interior.

Clark, un hombre de la frontera audaz e ingenioso, se embarcó en una campaña que fue fundamental para asegurar la vasta extensión del País de los Ilinueses para la causa estadounidense. Su audaz marcha desde las cataratas del río Ohio hasta los puestos estratégicos de Kaskaskia y Cahokia mostró el alcance de las ambiciones territoriales de los patriotas.

Con un contingente de disciplinados milicianos y hombres de la frontera, Clark capturó Fort Vincennes, en manos británicas, en un asedio en febrero de 1779. Esta victoria estratégica en Vincennes fue fundamental; debilitó la influencia británica en la región y dio un profundo golpe psicológico a sus militares. Demostró la capacidad de las irregulares fuerzas estadounidenses para llevar a cabo operaciones significativas en territorio hostil.

Los británicos redoblaron sus esfuerzos para retomar la ventaja, y enviaron más tropas y recursos para fortalecer sus fortalezas restantes y repeler los avances estadounidenses. El vicegobernador Henry Hamilton, una figura británica clave en la región conocida como el "comprador de cabelleras" por incentivar supuestamente el arrancamiento de cabelleras a los rebeldes, actuó rápidamente, recuperando Fort Sackville en Vincennes.

Clark se negó a aceptar esta derrota. En cambio, montó una contraofensiva en el invierno de 1779. En un giro inesperado, lideró una fuerza de hombres de la frontera a través de las llanuras del río Wabash, sitiando una vez más el Fort Sackville. Las fuerzas de Clark recapturaron con éxito el fuerte y tomaron a Hamilton como prisionero en lo que se recordaría como una de las operaciones más audaces de la guerra revolucionaria de los Estados Unidos.[i]

Un estancamiento continuo

Durante los años 1780 y 1781, la situación militar en la frontera occidental de la Revolución estadounidense se convirtió en un estancamiento caracterizado por escaramuzas esporádicas y maniobras estratégicas en lugar de grandes batallas. Las fuerzas británicas mantuvieron su presencia en fortalezas clave, pero su dominio en la región fue impugnado por las tropas estadounidenses, que estaban bien acostumbradas a los rigores de la lucha en el desierto.

---

[i]Revista Hallowed Ground. (18 de diciembre de 2018). Revolution on the Frontier. Obtenido de Battefields.org: https://www.battlefields.org/learn/articles/revolution-frontier.

En este período, las fuerzas estadounidenses tenían como objetivo solidificar su control sobre el País de los Ilinueses, contrarrestar los esfuerzos británicos para fortalecer sus posiciones e incitar a la agresión de los nativos americanos. Un evento notable ocurrió en agosto de 1780 cuando Clark lideró a la milicia de Kentucky en un ataque de represalia conocido como la Expedición de agosto contra las ciudades shawnee a lo largo del río Mad, una respuesta a los nativos americanos aliados con los británicos.

Las fuerzas británicas lucharon por ejecutar una estrategia exitosa. Las tropas estadounidenses, aunque en menor número, utilizaron tácticas de guerrilla y su conocimiento íntimo del terreno con un efecto significativo. La región se convirtió en un escenario de pequeños pero intensos enfrentamientos. El resultado final de las operaciones de ambos lados en la frontera occidental fue decidido por el Tratado de París en 1783.

Camino a Yorktown

Pero antes de que se firmara el tratado, hubo una batalla fundamental en Yorktown. Cornwallis tenía la intención de fortalecer el control británico en Virginia. Su visión estratégica, influenciada por la idea de mantener una base en el sur para las fuerzas británicas, lo llevó a elegir Yorktown. Esta ciudad costera proporcionaba un puerto seguro para la Marina Real británica y una posición defensiva contra la amenaza de la interferencia naval francesa.

El enfoque de Cornwallis en Virginia fue tanto una respuesta a la dinámica cambiante de la guerra como a las debilidades percibidas en las fuerzas estadounidenses. Su estrategia era alterar la cara del conflicto llevando la lucha a territorios coloniales menos seguros, capitalizando el posible apoyo lealista y alejando a los franceses de su flota.

La mudanza de Cornwallis a Virginia fue arriesgada. Significó un cambio de una guerra móvil que involucraba principalmente incursiones y enfrentamientos diseñados para desestabilizar el esfuerzo estadounidense a una forma de guerra más estática. Construir una base en Yorktown significaba comprometer tropas en una ubicación fija e inevitablemente convertirla en un objetivo para las fuerzas francoestadounidenses combinadas. Además, dependía en gran medida de la Royal Navy para los suministros y la evacuación, lo que hacía que las fuerzas británicas fueran vulnerables a la superioridad naval francesa.

Más tarde expondría un defecto crítico en su estrategia, al tomar la flota francesa el control de la bahía de Chesapeake.

El contraataque de Washington

El general George Washington recibió información de la marcha de Cornwallis a Yorktown en el verano de 1781. Reconociendo las implicaciones estratégicas de esta maniobra británica, Washington vio la oportunidad de asestar un golpe decisivo. En coordinación con el general francés Rochambeau, Washington cambió su enfoque del ataque planeado contra la ciudad de Nueva York a una marcha rápida hacia Virginia. Este movimiento audaz, con un secreto y una prisa excepcionales, posicionó a las fuerzas francoestadounidenses para un asalto sorpresa contra la fortaleza de Cornwallis, atrapando efectivamente a los británicos entre sus adversarios invasores y el mar.[i]

La flota francesa, comandada por el almirante François de Grasse, estaba ubicada en las Indias Occidentales ese verano. De Grasse recibió despachos de Washington solicitando su llegada urgente a la bahía de Chesapeake para ayudar a atrapar a los británicos. Entendiendo el impacto potencial de sus barcos, de Grasse zarpó rápidamente hacia la bahía de Chesapeake, llegando a la costa de Virginia a finales de agosto.

La marina británica respondió a de Grasse con una flota de diecinueve barcos de la línea comandada por el almirante Thomas Graves. Las flotas francesa y británica lucharon en un enfrentamiento naval el 5 de septiembre cerca de la entrada de la bahía de Chesapeake, en lo que ahora se conoce como la batalla de los Cabos. Los franceses ganaron esa batalla de dos horas, y los británicos se retiraron a la ciudad de Nueva York.

La Armada francesa, reforzada por una flota bajo el mando del almirante Louis de Barras, ahora tenía el control de la bahía de Chesapeake, evitando que los británicos reforzaran o evacuaran al ejército de Cornwallis en Yorktown. Cornwallis estaba atrapado en tierra sin apoyo naval. El general británico solidificó sus defensas construyendo reductos conectados por trincheras con apoyo de artillería.[ii]

---

[i] History.com Editors. (21 de junio de 2023). Batalla de Yorktown. Obtenido de History.com: https://www.history.com/topics/american-revolution/siege-of-yorktown.

[ii] NPS.gov. (25 de enero de 2021). Battle of the Capes. Obtenido de Yorktown Battlefield: https://www.nps.gov/york/learn/historyculture/battle-of-the-capes.htm.

La llegada de Washington

Washington y el conde de Rochambeau, comandante de las tropas francesas, llegaron a Williamsburg, Virginia, a mediados de septiembre. Su fuerza combinada finalmente llegó a más de diecinueve mil hombres. Nueve mil soldados británicos se opusieron. El asedio de Yorktown comenzó formalmente el 28 de septiembre de 1781.[i]

El asedio

Las fuerzas combinadas estadounidenses y francesas llevaron a cabo el asedio con precisión metódica. Los aliados cavaron trincheras paralelas, acercando la artillería y los hombres a la línea defensiva británica. Los bombardeos de artillería comenzaron el 9 de octubre, y los cañones franceses atacaron las defensas británicas.

El ataque estadounidense al reducto n.º 10 fue una acción memorable durante el asedio. Bajo el mando del teniente coronel Alexander Hamilton, una fuerza francesa y estadounidense invadió el reducto el 14 de octubre y aseguró un punto de apoyo crucial en las defensas de Yorktown.[ii]

Cornwallis trató de evacuar a sus tropas a través del río York el 16 de octubre, pero el esfuerzo fracasó. La fuerza de socorro que el general Clinton le prometió no llegó, y la situación era desesperante. Un tambor de guerra apareció en las murallas británicas la mañana del 17 de octubre, acompañado por un oficial que agitaba un pañuelo blanco. Lord Cornwallis estaba dispuesto a negociar una rendición.

La rendición final

El 19 de octubre de 1781, el asedio de Yorktown llegó a su dramática conclusión con la rendición formal de las fuerzas británicas del general Cornwallis. La ceremonia en sí estuvo cargada de solemnidad y formalidad. Los soldados británicos derrotados salieron de sus posiciones, deponiendo las armas en un campo despejado para el evento. En particular, el general Cornwallis se enfermó y envió a su segundo al mando, el general Charles O'Hara, para ofrecer la rendición británica a los comandantes estadounidenses y franceses.

---

[i] Battlefields.org. (25 de febrero de 2024). Siege of Yorktown. Obtenido de Battlefields.org: https://www.battlefields.org/learn/revolutionary-war/battles/waxhaws.

[ii] Battlefields.org. (25 de febrero de 2024). Siege of Yorktown. Obtenido de Battlefields.org: https://www.battlefields.org/learn/revolutionary-war/battles/waxhaws.

El general Washington recordó la humillación que los estadounidenses se vieron obligados a soportar en la rendición de Charleston, y decidió devolver el favor. Rechazó una solicitud para una ceremonia tradicional de honores de guerra y requirió que los derrotados marcharan con banderas enrolladas y mosquetes al hombro. Se negó a aceptar la rendición de O'Hara. En cambio, designó a su segundo al mando, el general Benjamin Lincoln, quien era el comandante estadounidense derrotado en Charleston, para recibir la espada del general británico. Los británicos entregaron 8000 hombres, 214 piezas de artillería y miles de mosquetes en Yorktown.

Rendición de Lord Cornwallis por John Trumbull[19]

Reacción británica a la rendición

Cuando la noticia de la derrota en Yorktown llegó a Londres, resonó en todo el Parlamento y en el público británico en general. La gente estaba conmocionada, consternada e incrédula. El Primer Ministro Lord North exclamó: "¡Oh Dios! Todo ha terminado", mientras caminaba en su habitación, expresando la sensación de finalidad que la pérdida representó para los esfuerzos de Gran Bretaña por mantener el control sobre las colonias americanas. Las consecuencias políticas fueron inmediatas: llamamientos para poner fin a la guerra y para que el gobierno del norte renunciara. El público, cansado del prolongado conflicto y sus cargas económicas, comenzó a presionar por la paz. La derrota en Yorktown puso fin a los últimos vestigios de apoyo popular y político a la guerra en Gran Bretaña.

La victoria en Yorktown terminó efectivamente con las principales operaciones de combate en América del Norte, preparando el escenario para la negociación del Tratado de París y el reconocimiento formal de la independencia de los Estados Unidos por parte de la Corona británica. Los estadounidenses habían hecho lo improbable y habían logrado lo imposible.

Capítulo 12: Los últimos días

La rendición en Yorktown no fue el final de la Revolución estadounidense, sino el comienzo del fin. Lo que sucedió en los meses siguientes fue indispensable. El trabajo más importante se realizó a miles de millas de los campos de batalla de América del Norte.

Tratado de París

Las negociaciones que llevaron al Tratado de París comenzaron con el nombramiento de una comisión especial de los Estados Unidos. Benjamin Franklin, John Adams y John Jay fueron los encargados de representar los intereses estadounidenses en las conversaciones con los británicos. (El grupo original incluía a Thomas Jefferson y Henry Laurens. Jefferson no pudo salir de Estados Unidos y Laurens estaba preso en la Torre de Londres). Llegaron a Europa en medio del final de una guerra que ambas partes querían terminar.

El conde de Shelburne, quien dirigió las negociaciones británicas, era un político conocido por su postura progresista sobre la autonomía colonial. Lo asistieron Richard Oswald, un hombre de negocios que entendía los asuntos comerciales transatlánticos, y Henry Strachey, un secretario experimentado que se convertiría en un instrumento para articular los detalles del tratado. Juntos, el trío británico se involucró con sus homólogos estadounidenses en complejas discusiones que navegaron por varios desafíos diplomáticos para definir finalmente los términos de paz entre las dos naciones.

Los comisarios se encontraron navegando por un mar traicionero de la política europea. Gran Bretaña, dolida por la pérdida de las colonias americanas, no era el único jugador en esta mesa. Francia, un aliado crítico en la Revolución estadounidense, tenía su propia agenda. Francia buscó debilitar a su rival, Gran Bretaña, al tiempo que garantizaba el pago de las deudas contraídas por Estados Unidos y mantenía sus participaciones territoriales en el Caribe. Por otro lado, España se centró en asegurar el control de Florida, que había capturado a Gran Bretaña durante la guerra, y en proteger sus colonias en América Central y América del Sur de la futura expansión estadounidense. Los comisarios estadounidenses intentaron garantizar que el tratado negociado con los británicos no comprometiera sus relaciones con las potencias francesas, españolas u otras potencias europeas.[i]

Las reuniones comenzaron en la primavera de 1782 y se celebraron en París. Los temas importantes que dominaron las discusiones del Tratado de París fueron el reconocimiento de los Estados Unidos como un soberano independiente libre del dominio británico y la posesión de territorios, fronteras y pesquerías. Aunque Gran Bretaña tendría que tragarse su orgullo, el reconocimiento formal de Estados Unidos como país independiente no era negociable.

Una cuestión de límites

La guerra en la frontera occidental fue un factor principal en los problemas de límites. Las hostilidades entre los colonos fronterizos estadounidenses y las tribus nativas americanas, respaldadas a veces por las fuerzas británicas, se habían convertido en una parte integral del conflicto. Los Estados Unidos buscaron establecer fronteras seguras y reconocidas que permitieran la expansión hacia el oeste y el desarrollo de nuevos estados. Los británicos tenían una serie de fuertes en la región de los Grandes Lagos, que se resistían a abandonar. Esperaban mantener la zona para proteger sus intereses comerciales de pieles y las relaciones con varias tribus nativas americanas. Los comisionados estadounidenses presionaron a los británicos para que renunciaran a sus fortalezas y a cualquier reclamo de territorio al este del río Misisipi, asegurando un camino claro para el crecimiento de Estados Unidos.[ii]

---

[i] History.com. (21 de junio de 2023). Treaty of Paris. Obtenido de History.com: https://www.history.com/topics/american-revolution/treaty-of-paris.

[ii] Ruppert, B. (4 de agosto de 2016). How Article 7 Freed 3000 Slaves. Obtenido de Allthingsliberty.com: https://allthingsliberty.com/2016/08/how-article-7-freed-3000-slaves/.

Negociación de mariscos

Las discusiones sobre la pesca pueden parecer triviales para la sociedad moderna, pero estos bienes raíces acuosos tenían una inmensa importancia económica y estratégica. Las abundantes zonas de pesca a lo largo de la costa de Terranova y en el golfo de San Lorenzo eran una fuente vital de sustento para muchos pescadores estadounidenses y una piedra angular del comercio para el noreste. El reconocimiento británico de los derechos de pesca estadounidenses era un elemento no negociable para los delegados estadounidenses, ya que aseguraría una industria próspera y estratégicamente valiosa para la nueva nación independiente.[i]

Qué hacer con los lealistas

Para los británicos, ofrecer protección a los lealistas era una obligación moral y un reflejo de su compromiso con sus súbditos. Las garantías de su seguridad y la compensación por sus pérdidas eran vitales para mantener el honor de la Corona británica y evitar futuras insurrecciones en el resto del imperio.

Copia final

A través de una hábil negociación y maniobras estratégicas, los comisionados elaboraron un tratado que daría forma al futuro de sus respectivas naciones. El reconocimiento de la independencia estadounidense fue un momento decisivo, que puso fin a cualquier duda persistente sobre la permanencia de la nueva nación. La delineación de las fronteras, sobre todo la extensión de los Estados Unidos hasta el río Misisipi, sentó las bases para la expansión hacia el oeste y la adquisición de vastos territorios.

El tratado también contemplaba la evacuación británica, marcando el final de una larga ocupación militar. A cambio, los estadounidenses acordaron garantizar la restitución de la propiedad a los lealistas y tomar medidas para evitar más incautaciones o daños.

Gran Bretaña trató con los aliados estadounidenses en acuerdos separados. Francia recuperó territorios en el Caribe ocupados por los británicos, fortaleciendo su punto de apoyo en la región. España

[i]Cronin, A. (3 de abril de 2015). Untangling North Atlantic Fishing, 1764-1910 Part 2: Anglo-American Treaties Regarding the Fishery, 1783-1818. Obtenido de Massit.org: https://www.masshist.org/beehiveblog/2015/04/untangling-north-atlantic-fishing-1764-1910-part-2-anglo-american-treaties-regarding-the-fishery-1783-1818/.

recuperó Florida, que había perdido ante los británicos durante la guerra de los Siete Años, y también aseguró la expansión de su territorio en América del Norte, incluido el control del puerto estratégico de Nueva Orleans. Estas ganancias fueron fundamentales para el objetivo de España de reforzar su imperio colonial y asegurar un amortiguador contra la futura expansión estadounidense.[i]

El Tratado de París fue firmado por los delegados estadounidenses y británicos el 3 de septiembre de 1783 y puso fin formalmente a la guerra revolucionaria de los Estados Unidos. El Congreso Continental lo ratificó el 14 de enero de 1784, y Gran Bretaña hizo lo mismo el 9 de abril de 1784.

Últimos días: La Conspiración de Newburgh

Todavía había hostilidades mientras se negociaba el Tratado de París. Los combates entre los estadounidenses y los nativos americanos en la frontera occidental eran intensos. Sin embargo, la lucha estaba disminuyendo, ya que sabían que se estaba negociando la paz. Nadie quería ser la última persona en morir en la guerra.

Hubo un motín de soldados continentales en Pensilvania debido a problemas de pagos atrasados. Fue sofocado rápidamente por un contingente de 1500 soldados enviados por Washington. Una disidencia notable fue la Conspiración de Newburgh. Una vez más, el pago atrasado fue un problema.

Muchos oficiales del Ejército Continental estaban en medio a una revuelta abierta. Su descontento provenía de la indecisión del Congreso sobre si cumplir su promesa de pagar a los veteranos de guerra y la creencia de que sus sacrificios por la causa de la independencia estaban siendo ignorados. Aquellos en Newburgh, Nueva York, estaban profundamente preocupados de que el Congreso Continental no cumpliera con sus obligaciones, incluidas las pensiones, con aquellos que habían arriesgado sus vidas por la nueva nación. Un memorando compuesto por oficiales dirigidos por Henry Knox fue enviado al Congreso en diciembre de 1782, expresando su frustración por los problemas de los pagos atrasados y las pensiones. El Congreso Continental discutió el tema, pero el problema principal era que no

---

[i] Famguardian.org. (26 de febrero de 2024). The Definitive Treaty of Paris 1783. Obtenido de Fanguardian.org:
https://famguardian.org/PublishedAuthors/Govt/USTreaties/DefinitiveTreatyOfPeace1783.pdf.

había dinero para financiar las demandas. Esto solo empeoró las cosas.

Según los informes, una carta escrita por el mayor John Armstrong circuló en el campamento de Newburgh, afirmando que el ejército debería disolverse antes de que se firmara el tratado de paz a menos que se cumplieran sus demandas. La posibilidad de un golpe de estado militar estaba implícita en la carta. A pesar de la oposición de Washington, se convocó una reunión de todos los oficiales el 11 de marzo de 1783. Washington pidió a los oficiales que esperaran cuatro días antes de reunirse para permitir que los ánimos se enfriaran. La reunión de oficiales se llevó a cabo el 15 de marzo. Para sorpresa de todos, el general Washington entró en la habitación y pidió que se le permitiera hablar. El comandante en jefe sabía que podía ocurrir un motín a gran escala y aprovechó al máximo su tiempo.[i]

Washington apeló a su sentido del honor, patriotismo y lucha compartida, instándolos a darle tiempo al gobierno para cumplir sus promesas. Las palabras de Washington fueron un sincero llamado a los ideales y valores sobre los que se fundó la nación. Enfatizó que la esencia misma de la república por la que luchaban dependía de la subordinación a la autoridad civil y denunció cualquier acción que socavara las frágiles raíces de la democracia estadounidense. El discurso de Washington fue una mezcla magistral de persuasión y liderazgo, y disuadía a sus oficiales de tomar un camino que pudiera alterar irrevocablemente el curso de la joven república.[ii]

George Washington fue una figura paterna para estos oficiales. Sus súplicas emocionales agitaron a estos hombres que habían visto al general compartir sus sufrimientos y soportar la carga del mando durante años. Muchos lloraron. Los oficiales resolvieron respetar los deseos de su comandante. El vínculo que Washington había trabajado para construir con sus oficiales marcó la diferencia.

[i] Hattem, M. (26 de febrero de 2024). Newburgh Conspiracy. Obtenido de Mountvernon.org: https://www.mountvernon.org/library/digitalhistory/digital-encyclopedia/article/newburgh-conspiracy/.

[ii] Washington, G. (26 de febrero de 2024). Newburgh Address: George Washington to Officers of the Army, March 15, 1783. Obtenido de MountVernon.org: https://www.mountvernon.org/education/primary-source-collections/primary-source-collections/article/newburgh-address-george-washington-to-officers-of-the-army-march-15-1783/.

Últimos días: La evacuación de Nueva York

La salida de treinta mil soldados británicos de la ciudad de Nueva York no fue simplemente una maniobra militar; desencadenó una reacción en cadena que reformó el tejido político, social y económico de los incipientes Estados Unidos. El 25 de noviembre de 1783, los británicos comenzaron su evacuación. En cientos de barcos, los británicos transportaron a sus hombres, equipos y partidarios lealistas fuera de la ciudad a los barcos que esperaban en el puerto.

El proceso no estuvo exento de complicaciones; las disputas sobre la protección de los lealistas y la logística de la retirada plantearon desafíos importantes. Sin embargo, la retirada fue en su mayoría pacífica y la transición del poder a los recién independizados Estados Unidos estaba en marcha.

Parte integral de la complejidad de la evacuación era el destino de los lealistas. Era un tema de acalorado debate durante las negociaciones de paz y siguió siendo un punto de discusión hasta el último momento de la retirada. Los británicos aseguraron un paso seguro a los lealistas que optaron por irse con ellos. Aquellos que no se fueron se enfrentaron a una recepción incierta y a menudo hostil por parte de sus antiguos compatriotas.

Las estimaciones sugieren que miles de lealistas fueron evacuados de la ciudad de Nueva York junto con las tropas británicas. Su partida los llevó a varios destinos, principalmente otras partes del Imperio británico, donde buscaron seguridad y la oportunidad de reconstruir sus vidas. Muchos navegaron a las provincias canadienses de Nueva Escocia y Nuevo Brunswick, que el gobierno británico había preparado para recibirlos. Otros encontraron refugio en Quebec, Ontario y la Isla del Príncipe Eduardo, mientras que muchos otros se trasladaron a Gran Bretaña u otras colonias británicas en las Indias occidentales. Esta migración a gran escala forjó nuevas comunidades e impactó la demografía y las culturas de las áreas donde se establecieron.

La partida de los afroamericanos

En los muelles de la ciudad de Nueva York en el momento de la evacuación, había escenas caóticas similares a lo que sucedió en la caída de Saigón en 1975 y la evacuación de Kabul en 2021. Un sentido palpable de urgencia se apoderó de la población afroamericana en la ciudad de Nueva York, particularmente aquellos que habían escapado de la esclavitud y luchado por la Corona. La promesa de libertad estaba al alcance, pero el caos y la incertidumbre de la evacuación provocaron el temor de recaptura y re-esclavización por parte de las fuerzas estadounidenses. Tenían motivo para estar preocupados.

El Tratado de París incluyó un artículo sin precedentes en el derecho internacional: el Artículo 7. Esta disposición, defendida por los negociadores estadounidenses, estipulaba que los británicos devolverían a los esclavos pertenecientes a los estadounidenses "en cualquier parte del mundo ocupada por las fuerzas británicas". Esto significaba que aquellos que alguna vez fueron esclavos y habían escapado a las líneas británicas podrían ser devueltos a sus antiguos propietarios.[i]

Los comandantes militares británicos, reconociendo la dedicación y las contribuciones de estos individuos a su causa, sentían la obligación de cumplir la promesa de libertad que se les había dado a cambio del servicio.

Para facilitar el paso seguro de los antiguos esclavos que habían servido a la Corona, los británicos documentaron meticulosamente sus nombres en el "Libro de los Negros", un libro mayor que servía como forma de protección y legitimidad para su evacuación. Este nivel de mantenimiento de registros ofreció un vacío legal, lo que permitió a los británicos argumentar que estas personas se habían ganado su libertad a través del servicio en lugar de ser consideradas propiedad que debía devolverse a los esclavistas estadounidenses. La información permitió que los esclavos fugitivos fueran evacuados junto con las fuerzas británicas mientras eran transportados a los territorios británicos. Se cree que alrededor de nueve mil afroamericanos se fueron con los británicos.[ii]

La cuestión de la esclavitud no podía ser barrida bajo la alfombra para siempre. Eventualmente resultó en una guerra que mataría a cientos de miles de personas.

La evacuación de la ciudad de Nueva York marcó el comienzo de una nueva era para los Estados Unidos. Los estadounidenses ya no eran los súbditos de la Corona británica. Ahora eran parte de una nueva nación que tenía desafíos y obstáculos únicos que superar.

---

[i] Ruppert, B. (4 de agosto de 2016). How Article 7 Freed 3000 Slaves. Obtenido de Allthingsliberty.com: https://allthingsliberty.com/2016/08/how-article-7-freed-3000-slaves/.
[ii] Tsaltas-Ottomanelli, L. G. (15 de noviembre de 2023). Black Loyalists in the Evacuation of New York City, 1783. Obtenido de Gothamcenter.org: https://www.gothamcenter.org/blog/black-loyalists-evacuation-zy4la.

Conclusión

La Revolución estadounidense sacudió al mundo e introdujo un periodo de cambio que duró hasta bien entrado el siglo XIX. Nadie esperaba que los estadounidenses se enfrentaran a los británicos y ganaran, pero sucedió.

Hoy vale la pena considerar algunas lecciones aprendidas durante la Revolución estadounidense. La estrategia de batalla fabiana funcionó. Washington y Greene evitaron a un enemigo superior y vivieron para luchar otro día en numerosas ocasiones. A veces perdían, pero infligían graves daños a los británicos, que pagaban una victoria muy cara. Curiosamente, muchos oficiales británicos estaban muy familiarizados con la historia clásica. Los generales pasaron por alto una estrategia que permitió a los romanos derrotar a Aníbal.

La arrogancia y el orgullo vienen justo antes de la derrota. El Parlamento británico tuvo muchas oportunidades de ser razonable y negociar con los insatisfechos colonos. Los estadounidenses estaban dispuestos a seguir siendo parte del Imperio británico. Pero finalmente decidieron que no tenían más remedio que declarar la independencia y tomar caminos separados. El gobierno británico era demasiado orgulloso para admitir que estaba equivocado. El Parlamento debería haber escuchado a personas como Edmund Burke, pero no lo hizo. Los británicos pagaron un alto precio por no escuchar los sabios consejos.

El coraje gana las batallas, pero la persistencia gana las guerras. El Ejército Continental estadounidense podría haberse disuelto después de varias batallas, pero no fue así. En cambio, los patriotas se mantuvieron unidos y mantuvieron el rumbo. Valley Forge es un ejemplo sorprendente de perseverancia en medio a enormes dificultades. Los estadounidenses creían en una causa y estaban preparados para continuar la lucha.

Los Estados Unidos de América siguen siendo un ejemplo positivo para otras naciones. La libertad es una causa por la que vale la pena luchar, y los estadounidenses en la guerra revolucionaria de los Estados Unidos arriesgaron sus vidas por el derecho a ser libres. Esa lucha y la lucha de la gente común por sus derechos es algo de lo que todos los estadounidenses pueden estar justificadamente orgullosos.

Vea más libros escritos por Enthralling History

Bibliografía

American Battlefield Trust. (15 de febrero de 2024). Bunker Hill. Obtenido de Battlefields.org: https://www.battlefields.org/learn/revolutionary-war/battles/bunker-hill.

American Battlefield Trust. (15 de febrero de 2024). Fort Ticonderoga, 10 de mayo de 1775. Recuperado de American Battlefield Trust: https://www.battlefields.org/learn/maps/fort-ticonderoga-may-10-1775.

American History Central. (10 de febrero de 2024). The Suffolk Resolves. Americanhistorycentral.com. Obtenido de Suffolk Resolves Summary 1774: https://www.americanhistorycentral.com/entries/suffolk-resolves/.

American History Central. (4 de febrero de 2024). The Navigation Acts. Obtenido de Americanhistorycentral.com: https://www.americanhistorycentral.com/entries/navigation-acts/.

Battlefields.org. (20 de febrero de 2024). Waxhaws. Obtenido de Battlefields.org: https://www.battlefields.org/learn/revolutionary-war/battles/waxhaws.

Battlefields.org. (23 de enero de 2024). 10 Facts: The Continental Army. Obtenido de Battlefields.org: https://www.battlefields.org/learn/articles/10-facts-continental-army.

Battlefields.org. (21 de febrero de 2024). Brandywine. Obtenido de Batlefields.org: https://www.battlefields.org/learn/revolutionary-war/battles/brandywine.

Battlefields.org. (20 de febrero de 2024). Camden. Obtenido de Batlefields.org: https://www.battlefields.org/learn/revolutionary-war/battles/brandywine.

Battlefields.org. (21 de febrero de 2024). Germantown. Obtenido de
Battlefields.org: https://www.battlefields.org/learn/revolutionary-
war/battles/waxhaws.

Battlefields.org. (20 de febrero de 2024). Horatio Gates. Obtenido de
Battlefields.org: https://www.battlefields.org/learn/biographies/horatio-gates

Battlefields.org. (20 de febrero de 2024). Siege of Savannah. Obtenido de
Battlefields.org: https://www.battlefields.org/learn/revolutionary-
war/battles/waxhaws.

Battlefields.org. (25 de febrero de 2024). Siege of Yorktown. Obtenido de
Battlefields.org: https://www.battlefields.org/learn/revolutionary-
war/battles/waxhaws.

BBC.com. (17 de febrero de 2024). Philosophers Justifying Slavery. Obtenido
de Ethics guide:
https://www.bbc.co.uk/ethics/slavery/ethics/philosophers_1.shtml.

Bill of Rights Institute. (17 de febrero de 2024). Thomas Jefferson and the
Declaration of Independence. Obtenido de Billofrightsinstitute.org:
https://billofrightsinstitute.org/essays/thomas-jefferson-and-the-declaration-of-
independence.

Bill, R. (4 de agosto de 2021). The Northern Campaign of 1777. Obtenido de
Nps.gov: https://www.nps.gov/fost/blogs/the-northern-campaign-of-1777.htm.

Boston National Historical Park. (15 de febrero de 2024). Dorchester Heights.
Obtenido de Nps.org: https://www.nps.gov/places/dorchester-heights.htm.

Boston National Historical Park. (11 de febrero de 2024). Samuel Adams:
Boston's Radical Revolutionary. Obtenido del Servicio de Parques Nacionales:
https://www.nps.gov/articles/000/samuel-adams-boston-revolutionary.htm

BritishBattles.com. (14 de febrero de 2024). Battle of Lexington and Concord.
Obtenido de Britishbattles.com: https://www.britishbattles.com/war-of-the-
revolution-1775-to-1783/battle-of-lexington-and-concord/.

Colonial Williamsburg. (11 de febrero de 2024). William Pitt's Defense of the
American Colonies. Obtenido de Slaveryandrembrance.org:
https://www.slaveryandremembrance.org/Almanack/life/politics/pitt.cfm.

Cronin, A. (3 de abril de 2015). Untangling North Atlantic Fishing, 1764-1910
Part 2: Anglo-American Treaties Regarding the Fishery, 1783-1818. Obtenido
de Massit.org: https://www.masshist.org/beehiveblog/2015/04/untangling-north-
atlantic-fishing-1764-1910-part-2-anglo-american-treaties-regarding-the-fishery-
1783-1818/.

Editors, H. (21 de febrero de 2024). British Abandon Philadelphia. Obtenido
de History.com: https://www.history.com/this-day-in-history/british-abandon-
philadelphia.

Eisenhuth, C. (10 de febrero de 2024). The Coercive (Intolerable) Acts of 1774. Obtenido de Mountvernon.org: https://www.mountvernon.org/library/digitalhistory/digital-encyclopedia/article/the-coercive-intolerable-acts-of-1774/#:~:text=The%20Coercive%20Acts%20were%20meant,particular%20aspect%20of%20colonial%20life.

Ellis, J. J. (4 de febrero de 2024). John Adams. Obtenido de Britannica.com: https://www.britannica.com/biography/John-Adams-president-of-United-States.

Encyclopedia.com. (30 de enero de 2024). Franco-American Alliance. Obtenido de Britannica.com: https://www.britannica.com/event/Franco-American-Alliance

Famguardian.org. (26 de febrero de 2024). The Definitive Treaty of Paris 1783. Obtenido de Fanguardian.org: https://famguardian.org/PublishedAuthors/Govt/USTreaties/DefinitiveTreatyOfPeace1783.pdf.

Founders Online. (10 de febrero de 2024). The Final Hearing. Obtenido de Founders Online: https://founders.archives.gov/documents/Franklin/01-21-02-0018.

Franklin, Benjamin. (10 de febrero de 2024). Benjamin Franklin in His Own Words. Obtenido de Loc.gov: https://www.loc.gov/exhibits/franklin/franklin-break.html.

Hallowed Ground Magazine. (18 de diciembre de 2018). Revolution on the Frontier. Obtenido de Battefields.org: https://www.battlefields.org/learn/articles/revolution-frontier.

Hattem, M. (26 de febrero de 2024). Newburgh Conspiracy. Obtenido de Mountvernon.org: https://www.mountvernon.org/library/digitalhistory/digital-encyclopedia/article/newburgh-conspiracy/.

Hickman, K. (13 de junio de 2019). American Revolution: General Thomas Gage. Obtenido de Thoughtco.com: https://www.thoughtco.com/general-thomas-gage-2360620.

History.com. (21 de junio de 2023). Treaty of Paris. Obtenido de History.com: https://www.history.com/topics/american-revolution/treaty-of-paris.

History.com. (21 de febrero de 2024). George Washington Crosses the Delaware. Obtenido de History.com: https://www.history.com/this-day-in-history/washington-crosses-the-delaware.

History.com Editors. (27 de octubre de 2009). Boston Tea Party. Obtenido de History.com: https://www.history.com/topics/american-revolution/boston-tea-party.

History.com Editors. (13 de junio de 2009). Townshend Acts. Obtenido de History.com: https://www.history.com/topics/american-revolution/townshend-acts.

History.com Editors. (21 de junio de 2023). Battle of Yorktown. Obtenido de History.com: https://www.history.com/topics/american-revolution/siege-of-yorktown.

History.com Editors. (11 de febrero de 2024). British Parliament Passes Unpopular Tea Act. Obtenido de History.com: https://www.history.com/this-day-in-history/parliament-passes-the-tea-act.

Horan, Katherine. (10 de febrero de 2024). First Continental Congress. Obtenido de Mountvernon.org: https://www.mountvernon.org/library/digitalhistory/digital-encyclopedia/article/first-continental-congress/#:~:text=One%20of%20the%20Congress%27s%20first,and%20to%20raise%20a%20militia.

Howe, W. (1 de febrero de 2024). William Howe Goes His Own Way. Obtenido de Clements.umoich.edu: https://clements.umich.edu/exhibit/spy-letters-of-the-american-revolution/stories-of-spies/howe-goes-his-own-way/.

Hurst, N. T. (17 de marzo de 2020). Made in American. Obtenido de Colonialwilliamsburg.org: https://www.colonialwilliamsburg.org/trend-tradition-magazine/spring-2018/made-american/.

Jstor.org. (18 de febrero de 2024). Foreign Intervention ... in the American Revolution. Obtenido de Jstor.org: https://daily.jstor.org/intervention-american-revolution/.

Keesling, D. K. (21 de febrero de 2024). Valley Forge: A Place of Transformation for the Continental Army. Obtenido de Thepursuitofhistory.org: https://thepursuitofhistory.org/2022/10/24/valley-forge-a-place-of-transformation-for-the-continental-army/.

Kiger, P. J. (11 de julio de 2023). How Thomas Paine's "Common Sense" Helped Inspire the American Revolution. Obtenido de History.com: https://www.history.com/news/thomas-paine-common-sense-revolution.

Resolución Lee (8 de febrero de 2022). Lee Resolution. Obtenido de los Archivos Nacionales: https://www.archives.gov/milestone-documents/lee-resolution.

Longley, R. (14 de octubre de 2020). Committees of Correspondence: Definition and History. Obtenido de Thoughtco.com: https://www.thoughtco.com/committees-of-correspondence-definition-and-history-5082089.

Makos, I. (13 de abril de 2021). Roles of Native Americans during the American Revolution. Obtenido de Battlefields.org:

https://www.battlefields.org/learn/articles/roles-native-americans-during-revolution.

Maloy, M. (21 de febrero de 2024). The Battle of Freeman's Farm: September 19, 1777. Obtenido de Battlefields.org: https://www.battlefields.org/learn/articles/battle-freemans-farm-september-19-1777.

Mark, H. W. (25 de enero de 2024). Battle of Long Island. Obtenido de Worldhistory.com: https://www.worldhistory.org/article/2359/battle-of-long-island/.

Mark, H. W. (1 de febrero de 2024). New York and New Jersey Campaign. Obtenido de Worldhistory.com: https://www.worldhistory.org/article/2364/new-york-and-new-jersey-campaign/.

Mary Stockwell, P. (21 de febrero de 2024). Barón von Steuben. Obtenido de Mountvernon.org: https://www.mountvernon.org/library/digitalhistory/digital-encyclopedia/article/baron-von-steuben/.

massmoments.org. (15 de febrero de 2024). Henry Knox Brings Cannon to Boston. Obtenido de massmoments.org: https://www.massmoments.org/moment-details/henry-knox-brings-cannon-to-boston.html.

McGee, S. (25 de agosto de 2023). 5 Ways the French Helped Win the American Revolution. Obtenido de History.com: https://www.history.com/news/american-revolution-french-role-help.

Mobley, C. (24 de septiembre de 2006). Hundreds of African-Americans Campaigned for the King during 1779 Struggle for Savannah. Obtenido de Savannahnow.com: https://www.savannahnow.com/story/news/2006/09/25/hundreds-african-americans-campaigned-king-during-1779-struggle-savannah/13826035007/.

Mount Vernon. (11 de febrero de 2024). The Coercive (Intolerable) Acts of 1774. Obtenido de Mountvernon.org: https://www.mountvernon.org/library/digitalhistory/digital-encyclopedia/article/the-coercive-intolerable-acts-of-1774/#:~:text=The%20Coercive%20Acts%20were%20meant,particular%20aspect%20of%20colonial%20life.

Mountvernon.org. (21 de febrero de 2024). 10 Facts About Washington's Crossing of the Delaware River. Obtenido de Mount Vernon de George Washington: https://www.mountvernon.org/george-washington/the-revolutionary-war/washingtons-revolutionary-war-battles/the-trenton-princeton-campaign/10-facts-about-washingtons-crossing-of-the-delaware-river/.

Museum of the American Revolution. (18 de febrero de 2024). Spain and the American Revolution. Obtenido de Amrevmuseum.org:

https://www.amrevmuseum.org/spain-and-the-american-revolution.

National Geographic. (17 de febrero de 2024). Signing of the Declaration of Independence. Obtenido de Education.nationalgeographic.org: https://education.nationalgeographic.org/resource/signing-declaration-independence/.

National Park Service. (18 de febrero de 2024). The Clinton-Sullivan Campaign of 1779. Obtenido de Nps.gov: https://www.nps.gov/articles/000/the-clinton-sullivan-campaign-of-1779.htm.

National Park Service. (21 de febrero de 2024). Henry Clinton. Obtenido de Nps.gov: https://www.nps.gov/people/henry-clinton.htm#:~:text=Sir%20Henry%20Clinton%20replaced%20Sir,to%20face%20the%20rebellious%20Americans.

NCC Staff. (24 de mayo de 2021). 10 Fascinating Facts About John Hancock. Obtenido de Constitutioncenter.org: https://constitutioncenter.org/blog/10-fascinating-facts-about-john-hancock.

NPS.gov. (25 de enero de 2021). Battle of the Capes. Obtenido de Yorktown Battlefield: https://www.nps.gov/york/learn/historyculture/battle-of-the-capes.htm.

Orrison, R. (3 de enero de 2024). Native American Impact on British War Strategy in Southern Campaign. Obtenido de Battlefields.org: https://www.battlefields.org/learn/articles/native-american-impact-british-war-strategy-southern-campaign.

Oxford Learning Link. (11 de febrero de 2024). Document-Edmund Burke, Excerpts from "Conciliation with the Colonies". Obtenido de Learnnglink.oup.com: https://learninglink.oup.com/access/content/schaller-3e-dashboard-resources/document-edmund-burke-excerpts-from-conciliation-with-the-colonies-1775.

Paine, T. (17 de febrero de 2024). Thomas Paine, Common Sense, 1776. Obtenido de Billofrightsinstitute.org: https://billofrightsinstitute.org/activities/thomas-paine-common-sense-1776.

Paine, T. (1776). The American Crisis. Obtenido de la Biblioteca del Congreso: https://www.loc.gov/resource/cph.3b06889/.

Powell, J. (1 de septiembre de 1996). Charles James Fox, Valiant Voice for Liberty. Obtenido de Foundation for Economic Freedom: https://fee.org/articles/charles-james-fox-valiant-voice-for-liberty/.

Revolutionarywar.us. (21 de febrero de 2024). Southern Theater. Obtenido de Revolutionarywar.us: https://revolutionarywar.us/campaigns/1775-1782-southern-theater/.

Revolutionarywar.us. (21 de febrero de 2024). The Battle of Kings Mountain. Obtenido de Revolutionarywar.us: https://revolutionarywar.us/year-1780/battle-kings-mountain/.

Revolutionary-war-and-beyond.com. (24 de febrero de 2024). Admiral Howe's Fleet Arrives at Staten Island. Obtenido de Revolutionary-war-and-beyond.com: https://www.revolutionary-war-and-beyond.com/admiral-howes-fleet-arrives-staten-island.html.

Rosenfield, R. (21 de febrero de 2024). Princeton. Obtenido de Battlefields.org: https://www.battlefields.org/learn/articles/princeton.

Ruppert, B. (4 de agosto de 2016). How Article 7 Freed 3000 Slaves. Obtenido de Allthingsliberty.com: https://allthingsliberty.com/2016/08/how-article-7-freed-3000-slaves/.

Rust, R. (14 de abril de 2023). The Powder Alarm of Massachusetts in 1774. Obtenido de Americanhistorycentral.com: https://www.americanhistorycentral.com/entries/powder-alarm-1774-massachusetts/.

Scythes, J. (21 de febrero de 2024). Conway Cabal. Obtenido de Mountvernon.org: https://www.mountvernon.org/library/digitalhistory/digital-encyclopedia/article/conway-cabal/#:~:text=The% 20Conway %20Cabal%20refers%20to,with%20Major%20General%20Horatio%20Gates.

Sprague, D. (24 de enero de 2023). American Revolution and Canada. Obtenido de Thecanadianencyclopedia.ca: https://www.thecanadianencyclopedia.ca/en/article/american-revolution.

The Paul Revere House. (14 de febrero de 2024). The Real Story of Paul Revere's Ride. Obtenido de Paulreverehouse.org: https://www.paulreverehouse.org/the-real-story/.

Triber, J. E. (4 de febrero de 2024). Britain Begins Taxing the Colonies: The Sugar & Stamp Acts. Obtenido de Nos.gov: https://www.nps.gov/articles/000/sugar-and-stamp-acts.htm.

Tsaltas-Ottomanelli, L. G. (15 de noviembre de 2023). Black Loyalists in the Evacuation of New York City, 1783. Obtenido de Gothamcenter.org: https://www.gothamcenter.org/blog/black-loyalists-evacuation-zy4la.

UKessays.com. (17 de febrero de 2024). Aristotle's Views on Slavery. Obtenido de UKessays.com: https://www.ukessays.com/essays/politics/slavery.php.

Washington, G. (26 de febrero de 2024). Newburgh Address: George Washington to Officers of the Army, March 15, 1783. Obtenido de MountVernon.org: https://www.mountvernon.org/education/primary-source-collections/primary-source-collections/article/newburgh-address-george-washington-to-officers-of-the-army-march-15-1783/.

Wigington, P. (29 de noviembre de 2018). What Were the Navigation Acts?

Obtenido de Thoughtco.com: https://www.thoughtco.com/navigation-acts-4177756.

William P. Kladky, P. (15 de febrero de 2024). Continental Army. Obtenido de Mountvernon.org: https://www.mountvernon.org/library/digitalhistory/digital-encyclopedia/article/newburgh-conspiracy/.

Wirt, William (ed. 1973). Give Me Liberty or Give Me Death. Obtenido de Colonial Williamsburg: https://www.colonialwilliamsburg.org/learn/deep-dives/give-me-liberty-or-give-me-death/.

Zeidan, A. (4 de febrero de 2024). Stamp Act Congress. Obtenido de Britannica.com: https://www.britannica.com/topic/Stamp-Act-Congress.

Zielinski, A. E. (17 de noviembre de 2021). What Was the Stamp Act Congress and Why Did It Matter. Obtenido de Ameicanbattlefields.org: https://www.battlefields.org/learn/articles/what-was-stamp-act-congress.

Fuentes de imágenes

[1] *Richard Zietz, CC BY-SA 3.0< https://creativecommons.org/licenses/by-sa/3.0 >, a través de Wikimedia Commons;*
https://commons.wikimedia.org/wiki/File:Thirteencolonies_politics_cropped.jpg

[2] *Paul Revere, CC0, a través de Wikimedia Commons;*
https://commons.wikimedia.org/wiki/File:The_Boston_Massacre_MET_DT2086.jpg

[3] *https://commons.wikimedia.org/wiki/File:John_Adams_(1766).jpg*

[4] *https://commons.wikimedia.org/wiki/File:CarpentersHall00.jpg*

[5] *John Singleton Copley, CC0, a través de Wikimedia Commons;*
https://commons.wikimedia.org/wiki/File:Thomas_Gage_John_Singleton_Copley.jpeg

[6] *https://commons.wikimedia.org/wiki/File:Olive_petition_petition_big.jpg*

[7] *https://en.wikipedia.org/wiki/File:Gilbert_Stuart_Williamstown_Portrait_of_George_Washington.jpg*

[8] *https://commons.wikimedia.org/wiki/File:Portrait_of_Thomas_Paine.jpg*

[9] *https://en.wikipedia.org/wiki/File:The_Death_of_General_Montgomery_in_the_Attack_on_Quebec_December_31_1775.jpeg*

[10] *https://commons.wikimedia.org/wiki/File:BurgoyneByReynolds.jpg*

[11] *Hoodinski, CC BY-SA 4.0< https://creativecommons.org/licenses/by-sa/4.0 >, a través de Wikimedia Commons; https://commons.wikimedia.org/wiki/File:Burgoyne%27s_March_on_Albany,_1777.svg*

[12] *https://commons.wikimedia.org/wiki/File:HoratioGatesByStuart_crop.jpg*

[13] *https://commons.wikimedia.org/wiki/File:Marquis_de_Lafayette_2.jpg*

[14] *Dr. Blazer, CC BY-SA 4.0< https://creativecommons.org/licenses/by-sa/4.0 >, a través de Wikimedia Commons; https://commons.wikimedia.org/wiki/File:Soldier%27s_Quarters_at*

 _Valley_Forge.jpg_

[15] _https://commons.wikimedia.org/wiki/File:Baron_Steuben_by_Peale,_1780.jpg_

[16] _https://commons.wikimedia.org/wiki/File:Sullivans-island-1050x777.jpg_

[17] _https://commons.wikimedia.org/wiki/File:Nathanael_Greene_by_John_Trumbull_1792.jpeg_

[18] _https://commons.wikimedia.org/wiki/File:Benedict_Arnold_1color.jpg_

[19] _https://commons.wikimedia.org/wiki/File:Surrender_of_Lord_Cornwallis.jpg_

www.ingramcontent.com/pod-product-compliance
Lightning Source LLC
LaVergne TN
LVHW051740080426
835511LV00018B/3155